大展好書 好書大展

青春天地

29

愛與性心理測驗

小毛驢／編譯

大展出版社有限公司
DAH-JAAN PUBLISHING CO., LTD.

序文

現今心理學或心理測驗廣受大家矚目，形成一股探討心理問題的風潮。

從廣義看來，我認爲這乃是人們渴望認識自己的欲望表現，是相當可喜的現象。其實，人類數千年的歷史全是探討自然與人類自己本身的寫照。我們所具有的知性本能是朝著探討自然界的外向性關心和面對自己本身的內向性關心的兩個方向。而心理學是屬於後者的範疇。在繁忙的生活中能擁有審視自己的片刻，對於取得知性本能的外向性與內向性的均衡頗有裨益。

請各位以輕鬆的心情，從瀏覽本書的過程中正視自己的潛意識或隱藏的衝動。各位必可發現滿足自我探討的欲望竟然是那麼令人愉悅的休閒活動。希望讀者各位能從本書中發現嶄新的自己或本來的面貌。

CONTENTS

PART 1 掉落在湖中的鑰匙

PART 2 黎明的狂瀾

PART 3 太陽的聲音

PART 4 天空的內側

PART 1 掉落在湖中的鑰匙

揭露你是否有危險的戀愛傾向

……

蘋果的滋味？

6

即使重重遮掩，妳的心思也一覽無遺。當那心中的白馬王子出現時，妳的身心將會有何反應呢？請回答下列的問題。

PART 1

Q1

測驗1▶日常心理測試

請先閱讀下列OL的對話，然後回答其問題。

A：「像B小姐妳這樣能在一流企業就職，實在令人羨慕。」

B：「是嗎？可是，那家公司某方面似乎並不那麼盡如人意。」

A：「妳是指那方面呢？」

B：「這嘛！□」

請問您認爲□應該塡入下列的那一句話最合適？

♥

a. 總覺得很單調……一點刺激也沒有。

b、譬如說像是人的心啦！總覺得沒有什麼熱忱的樣子。

c、好像大家都很懂得要領，總覺得沒有人講眞心話。

d、好像一切都太優渥了，而大家卻反認爲那是理所當然的。

Q2 妳覺得在那一瞬間最令妳感到幸福？

a. 收到愛人送妳鑽石戒子的時候。

b. 和愛人發生性行爲後，眷戀地躺在床上的時候。

c. 依偎在愛人的懷裡聆聽音樂的瞬間。

d、愛人對妳說「我愛妳」，而將妳緊緊抱在懷裡的瞬間。

Q…3

假設妳現在已經結了婚而要和丈夫離婚，請問原因會是下列的那一個因素呢？請用直覺來判斷。

a. 丈夫在外面有女人。

b. 經濟上的問題。

c. 覺得對方已經沒有吸引妳的魅力。

d. 彼此對人生的價值觀有極端地不同。

Q4 下面所列事項與妳相似者請妳用○表示出來。

・將常搬家。
・買了新東西就急著想要先用為快。
・花錢買回來卻棄之不看的書或雜誌很多。
・經常改變髮型。
・時常被批評說談話沒有主題。
・每個禮拜必定閱讀資訊雜誌。
・看電視時會頻繁地轉換電視台。
・認為自己的鬼點子多。
・對任何事情都不會很堅持。

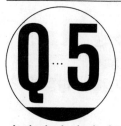

Q5

這裡有一個蘋果，請問妳最喜歡那個部分。

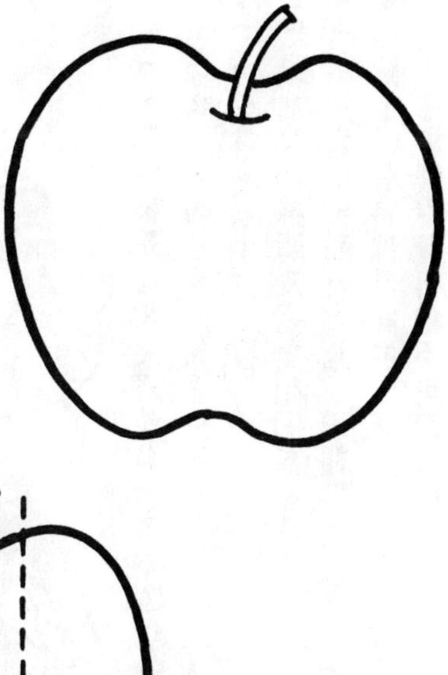

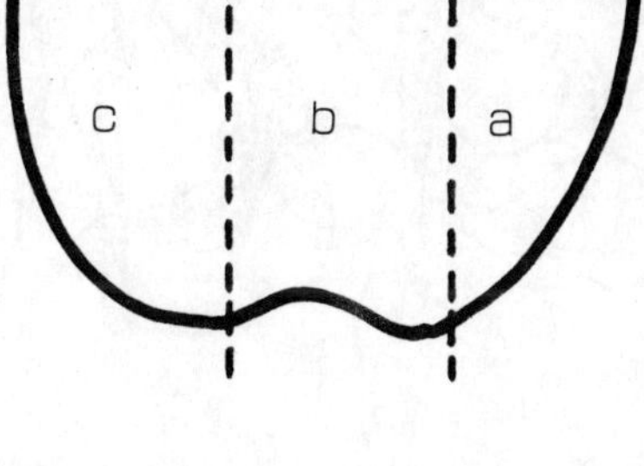

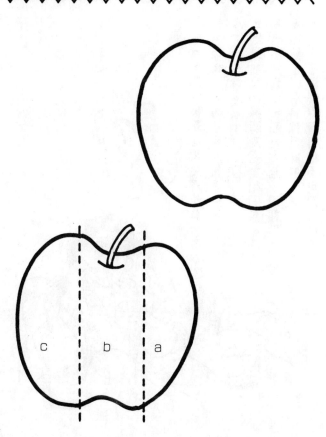

Q6…

下面是兩位女性在電話中的對話。妳認為▭中最適合填入那一句話呢？

A：「聽說阿秋最近又交到了新的男朋友了。」

B：「咦，是怎樣的人呢？」

A：「這嘛……，▭」

a 是跟她前任男朋友完全相同類型的人。

b 是跟她前任男朋友完全不同類型的人。

c 聽說是很有特殊品味的人。

d 是那種會讓妳覺得很不可思議的人。

Q7

這裡有一位畫家。她正打算爲圖畫中的花卉上顏色。妳想用下列的那一個顏色呢？

a 黃色
b 紅色
c 粉紅色
d 藍色

Q1…

測驗2▶潛在心理測驗

下面所列的事項如果是妳經常夢到的情景，請畫上○。

・正在下雨的夢。
・讓妳覺得很溫馨的夢。
・有陌生男性出現的夢。
・吃東西的夢。
・從廁所出來的夢。
・充滿著鮮豔顏色的夢。
・闖入陌生建築物的夢。
・發生上升或下降的夢。

Q2…

假設，妳做了一個被怪獸襲擊的夢。怪獸已逼進妳的面前，妳認爲結果會如何呢？答案請在a～d中選一個。

a 太恐怖了而從夢中驚醒。

b 昏倒在地。

c 拼命地逃竄，結果好不容易躲過災難。

d 被怪獸抓走了。

Q3

有一位女孩子做了這樣的夢。「有一天，在公寓走廊等電梯，電梯的門打開一看裡面卻是廁所。無可奈何地坐進去後，電梯突然急速地上升，最後衝破了公寓的頂層飛向天空時，人就驚醒過來了。」請問，這個夢是暗示什麼樣的心理狀態？

a 目前她正處於性慾不滿足的狀態。

b 暗示著她目前正有事煩心，但是，前途豁然開朗。

c 暗示著她正企圖使自己成爲成熟的女性。

d 目前的生活可能會使她陷入歇斯底里的狀態。

Q…4

下面的夢結果會如何呢？請從a～d中選一個妳最中意的結果。——正在房間內看電視的時候，突然從門縫中漫進了粉紅色煙霧狀物體，起初只是覺得很訝異，後來仔細一看才發覺那團煙霧正向自己的身體襲擊而來…

a 我隨即拿起放在身邊的掃把死命地往該物體揮打過去。

b 我很驚慌地逃出房間。

c 心裡雖然很害怕，但是卻用兩手緊緊地抓住該物體，拼命地想要把它扭斷。

d 我急忙地躲到被窩裡面。

Q…5 下面的夢境中妳認爲最恐怖的是那一個？

a 一個人孤獨地走在昏暗的山道中。

b 自己正騎著煞車不靈的腳踏車。

c 眼看著就要被一個大浪吞噬的夢。

d 大地震的夢。

Q6 … 妳做夢的頻率高嗎？

a 幾乎每天都做夢。
b 大概二～三天做一次夢。
c 大約一個禮拜一次。
d 每個月偶而一、二次。
e 最近幾乎沒有做過夢。

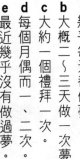

Q7…

我想大家都曾經做過由上往下掉的夢，請問那種感覺和下列a～c的那一項敘述最接近？

a 整個人頭上腳下地急速掉落的感覺。

b 像是一團棉花般悠然飄落而下的感覺。

c 以屁股著地的姿勢重重地掉落而下的感覺。

診斷的方法

事實上這是根據各人好色程度的測驗。請依照下表求出測驗1和測驗2各自的總得分，然後再參照下一頁的診斷表即可求出妳個人好色度的綜合診斷。

測驗1▼分數表

d	c	b	a	
5	3	1	7	Q1
3	1	5	7	Q2
5	7	3	1	Q3
○的個數即分數				Q4
	3	5	1	Q5
3	7	5	1	Q6
1	3	5	7	Q7

41分以上…A　31分～40分…B　19～30分…C　18分以下…D

測驗2▼分數表

e	d	c	b	a	
○的個數即分數					Q1
	3	1	7	5	Q2
	3	5	1	7	Q3
	5	7	3	1	Q4
	3	5	7	1	Q5
1	3	5	7	10	Q6
		3	5	1	Q7

41分以上…A　31～40分…B　19～30分…C　18分以下…D

1＼2	A	B	C	D
A	I	I	II	II
B	I	III	III	II
C	IV	III	III	V
D	IV	IV	V	V

§

請依照上表求出測驗 1 和測驗 2 的診斷結果的交集。該交集上的記號就是綜合診斷的結果。

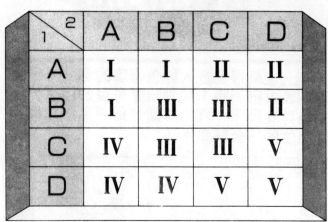

診斷

I

遊樂型的女玩家

妳具有强烈追求刺激的傾向。生理上的性慾極强。具有這種性格的妳，如果只跟一位男性交往或一般正常的性行為，很有可能無法讓妳感到滿足。有可能像蜜蜂採花一朵又一朵地玩遍男性，是放縱情慾的超級女玩家。當然，縱情享樂並無不可，但是最好還是有所節制，否則因此而流言四起，將無法在社會上立足。或者因此而感染上可怕的疾病，則要樂極生悲了。同時，人若玩樂過度將會急速地衰老，所以請三思。

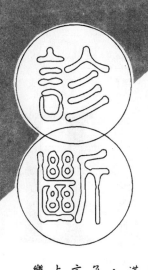

II

表面好色的類型

妳具有極其旺盛的好奇心。只一看到俊挺的男性心理就會感到興趣？不過，妳對實際的性行爲並不怎麼感到興趣，相反地如果能夠從各種男性身上得到精神上的刺激或自己的確受歡迎的實感，就會感到滿足的類型。或許，妳的理想是希望擁有很多在情感上超越友誼卻又不及情人的男性。換言之，就是喜歡大量結交不是情人的男朋友。所以，嚴格說來好色的程度並不很嚴重。或許表面上看來像是一位女玩家，事實上卻不盡然。

PART 1

III 健康型的人

妳是那種非常喜歡閱讀緋色新聞的人，同時，妳很喜歡探聽朋友的性經驗談。或許，妳也自認爲自己是很好色的人。可是，很遺憾地（？）妳的好色程度是正常的。人對SEX抱有好奇心，反而是心理健全的證據。因爲妳並沒有把它付諸實際的行動，所以根本不算是好色的類型。相反地，真正好色的人才不會像妳一樣公開地表現出來。畢竟性的樂趣是不爲外人所知的。

IV 螳螂型的人

明白地說，妳很喜歡SEX甚至很可能在大白天就幻想著晚上的事情，而無心工作……。也許妳想否認，但是事實就是如此。不過，妳確是非常專一的女性，妳不喜歡和各種男性有性關係。不過，對於妳這樣貪慾的性格，在初期對方或許會覺得很歡迎，但是，如果每一天每一個晚上都要如此，未免令人感到吃不消。凡事適可而止同時也要體諒對方，或許這樣會比較好。

V 頑固型的人

妳是一位對身體非常堅持的女性。別說是享受性的樂趣，甚至在結婚之前也不准男朋友碰你一根指頭……。或許妳就是堅持著這種信念，但是，因爲妳會刻意地避開與男性接觸的機會，自然很難獲得愛神的眷顧。這種類型的人簡直就是頑固，毫無好色度可言。即使被戲稱爲「聖女」，則一點也不足爲奇。往好處想這是一種清純的類型……，不過，人生短短幾十寒暑，青春更是稍縱即逝，或許稍微敞開心胸享受人生，應該也不爲過。

提款行動的心理

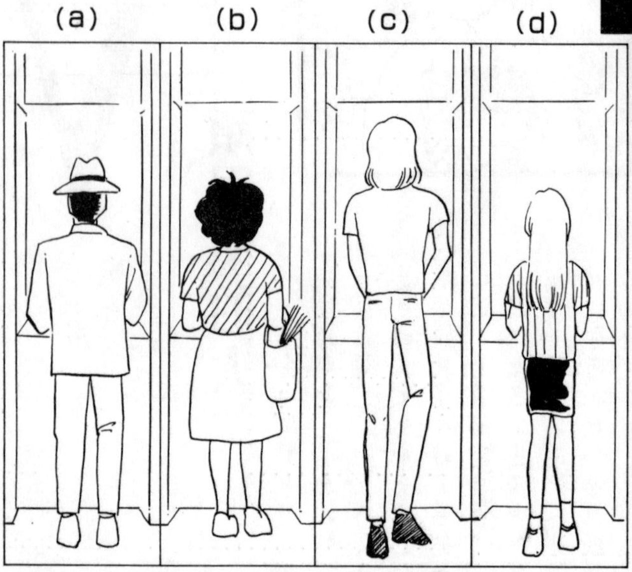

Q

妳打算在銀行的自動取款機（CD）領錢。現在，銀行的四部機器正好都有人使用。你會排在a～d中的那一個位置？

請以直覺做答。這家銀行並沒有規定必須依順序排列，妳可自由選擇自己想要排列的位置。

解說與診斷

金錢是SEX的象徵。想要領錢卻被迫等待是暗示性慾不能獲得滿足的狀況。這個測驗的重點並不在於排在誰後面，而是取款機的位置。

a

選擇取款機兩端的人性能力較強，容易產生性方面的慾求不滿。你在性方面的慾求極爲強烈，一旦慾求不能滿足時激盪的情緒就很難平撫。也許連運動也難以獲得平撫的強烈……只能自慰吧。

b

你的性慾求不滿並不太強烈，利用飲食、購物等代償行爲即可充分地滿足SEX的慾求。不過，這種方法也有其限度？

c

你對肌膚之親的慾求比SEX本身更爲強烈。你是否非常喜歡寵物或布娃娃？藉由與這些物品的碰觸即可能充分地消除性慾的衝動吧。

d

妳是想藉由SEX以支配男性的「性虐待」的人，要消除性衝動的方法是運動。只要解放鬥爭本能即可感到舒爽。

狂亂的雲

任何人都擁有連自己也不清楚的神秘部分。請試著發現揭發這隱藏在妳心底深處的秘密吧。請依序回答下列的問題。

Q…1

乍看下面的插圖，妳的視線首先停留在什麼地方。

a 蛇
b 翅膀
c 臉（包括桂冠）
d 股間的葉
e 其它

Q…2

妳認爲下列的鑰匙是什麼樣的鑰匙？

a 寶石箱
b 大宅府的門鎖
c 日記簿
d 貞操帶

Q……3

請想像下面插圖的背景。較接近 a～c 中的那一個？

a 山中的露天澡堂
b 飯店的大澡堂
c 自宅的浴室

Q…4

請想像下圖的毛皮外套是 a～d 中的誰所有？

a 大富翁的夫人
b 流行服飾店的店員
c 風塵女郎
d 影視明星

Q…5

在以冬天爲舞台的童話中，讓你印象最深刻的是那一則？

a 一〇一忠狗
b 活森林
c 夕鶴
d 賣火柴的少女

Q…6

冬天將來臨的心境最接近於下面那一個？

a 一到歲末卽呈現一片繁忙的景況，眞討厭啊！

b 冷得令人懶得動。

c 可以滑雪、溜冰眞棒。

d 有耶誕節、新年等一連串的假日，好快樂！

PART 1

在此之前妳最短的戀愛期間是多久？

a 不滿一個月
b 不滿兩個月
c 三～六個月
d 六個月以上

Q…8

妳認為 20 年後的流行服飾和下列那一款最接近。

Q…9

妳認為下圖以哪一個最適當？

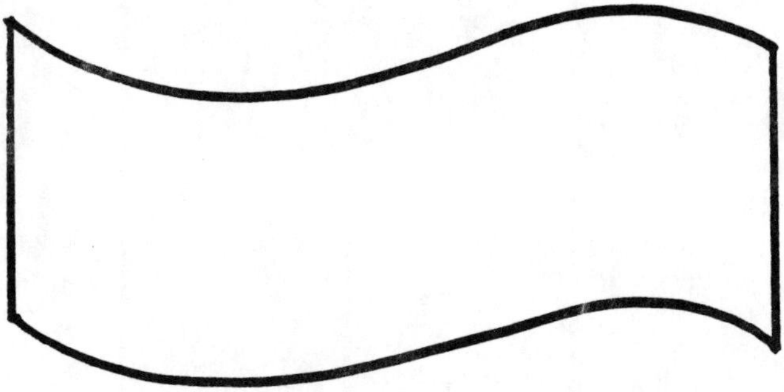

a 時代潮流
b 女人
c 薪水袋
d 羞恥心

Q…10

如果一隻手的手指已分別塗上紅、黃、藍、紫、白的指甲油，妳會在小指上塗什麼顏色？

e 白　d 紫　c 藍　b 黃　a 紅

診斷的做法

這是測試潛藏在妳心理深處的病態度。從下表計算出合計分數，再閱讀次頁的診斷。

e	d	c	b	a	A／Q
1	7	5	3	9	1
	7	5	3	1	2
		1	3	5	3
	3	7	1	5	4
	7	3	1	5	5
	1	3	5	7	6
	7	5	3	1	7
		3	7	5	8
	5	1	7	3	9
1	9	5	5	7	10

61分以上……診斷A
49～60分……診斷B
36～48分……診斷C
24～35分……診斷D
23分以下……診斷E

診斷 妳所隱藏的病態度？

A

靈異類型

妳是第六感、精神方面的靈感極强的人。對靈魂或超自然世界、占卜等很有興趣。行之過度很容易被貼上危險人物的商標喔。凡事都把它當做靈魂做祟或叫囂著可以看見靈魂或前世一切……。如果認真地研究超自然方面的學問倒無所謂，然而，如果喜愛靈異純粹是一種個人興趣，很容易造成精神上的異常。請務必慎重。

PART 1

B

性虐待傾向

妳的感情極爲激烈。尤其是有情人之後必無法以平常的愛情爲滿足，甚至連對方的性命也想佔爲己有，而另一方面也想爲對方奉獻自己的生命。當然，如果依自己衝激般的情緒付諸實行，必有一方喪失生命。因此，很容易以SM（性虐待）的行爲做爲代償。也許在進行性行爲時妳會聲嘶地叫喊著「殺死我！」「我會死啊！」而這也是妳對生活的憧憬吧。啊！凡事應適可而止呀。

C

可能是狂熱迷

妳是不擅常人際關係的人。因此，會有收藏物品之類生活在個人世界中的强烈個性。老實說，妳是傾向於會鍾情於一物的狂熱迷的類型。在狂熱迷已被世人接受的今日，也許不再被當成是一種病態。但是，保持視野的廣泛與社會性仍然是非常重要的。請將您的視野轉向外的世界，成爲外向的狂熱迷吧。

PART 1

D

自戀狂

結果暗示妳具有異常的自戀傾向。妳一點也不會在意周遭的人物的存在。妳似乎已沈溺於對自我狂戀中吧？只要有一點不如意，則彷彿自己是悲劇中的主角。平常也喜歡裝模作樣……。妳照鏡子的次數大概比別人多吧！如果不想被他人視爲「怪人」，應儘早捨棄自我陶醉的習慣。事實上妳並沒有如妳自己所想像般地那麼受人矚目哦！

E

異常性慾

妳對性的興趣似乎過於强烈。露骨地說，一般的SEX似乎無法讓妳獲得滿足吧？尤其是成人錄影帶中3P、女性同性戀性交、夫婦交換性交的鏡頭會使妳的慾火上升而難以收拾！妳覺得很難平撫內心那股滾燙的慾火。而是否把這個慾望付諸實行全由妳自己本身決定。然而凡事應適可而止，更要緊的是不要給他人添麻煩。

2 人飲酒

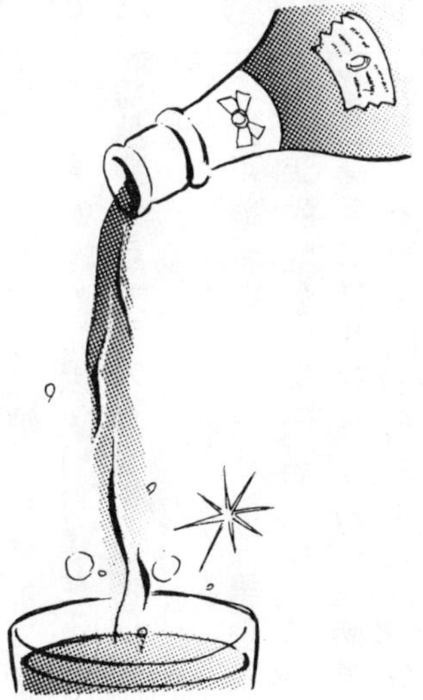

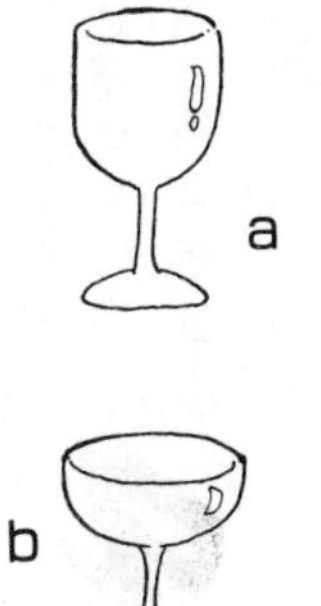

Q

妳現在正和男友在一家豪華餐廳用餐。他在妳的酒杯上爲妳倒飯前酒。上面的插圖並無法看出妳的酒杯是什麼樣的形狀。請從左邊的圖中挑選出最接近妳想像中的酒杯。

解說與診斷

倒酒的行爲是男性對妳所付出的愛的象徵，而酒杯是表示妳吸引對方女性魅力。妳所選擇的酒杯則表示妳的魅力的實質。

a

這個酒杯的形狀使人聯想到女人豐滿的曲線。妳是對自己的身體具有強烈自信的人。是會刻意強調身體曲線或以暴露的打扮吸引周遭男性的類型。

b

裝飾用的香檳酒杯是表示妳對自己外貌的自信，老實說妳認爲妳是自己是「大美人」。如果這份自信並不因此造成妳的自大則不會發生任何問題，不過……。

c

妳是否很有自信自己能誘惑男性進入最高潮的性愛中？因爲，能裝最多酒量的這個玻璃杯是性能力與性感受性豐富的象徵，以SEX爲武器，發揮超強的床上工夫使男人拜倒在石榴裙下的是妳。

PART 2 黎明的狂瀾

事實上真希望能……

妳對禁忌的愛的願望

溶在水裡的墨汁

在這個單元將試著調查妳所渴望的是何種類型的戀愛生活。請回答下列的問題。

PART 2

Q1

假設妳正因爲男友將前來拜訪而打算改變房間的佈置，請回答下面的問題。

〈Q1－①〉妳想把床上的床單換成能使妳的身體顯得最性感的顏色。那是什麼顏色？

a 粉紅
b 白色
c 米黃
d 藍色

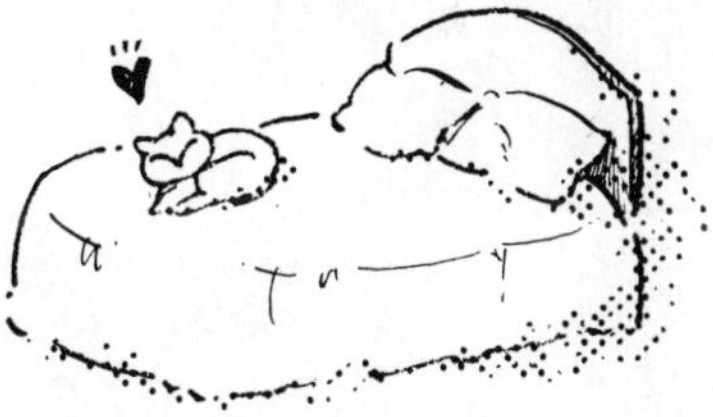

〈Q1－②〉下面的插圖是妳房間內的擺設。正對床鋪的圖擺置的是什麼？

a 書桌
b 衣櫃（有門的櫃子）
c 裝飾櫃
d AV機器

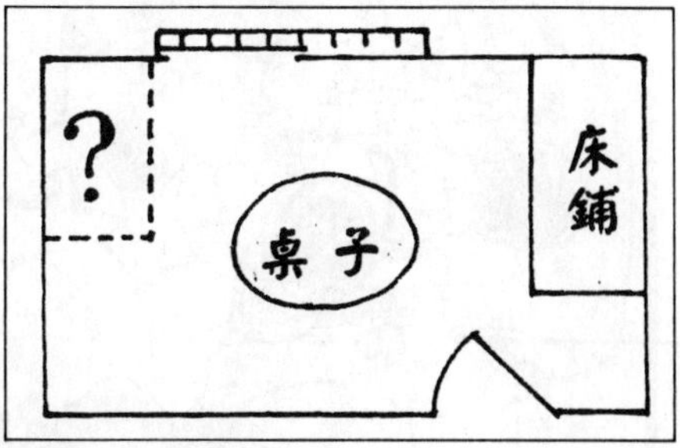

Q 2

心情焦躁時妳怎麼辦？

a 暴飲暴食
b 打長舌電話改變心情
c 遷怒於人或物
d 睡覺

Q3

妳覺得這只戒子上的寶石是下列中的那一種？

a 紅寶石
b 藍寶石
c 珍珠
d 紫水晶

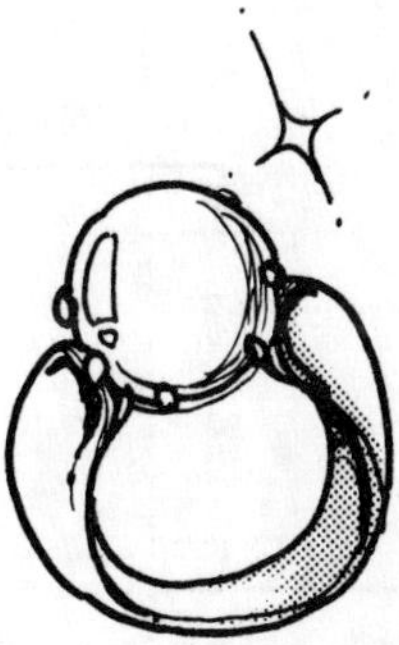

Q 4

請依箭頭的方向做二擇一的選擇。

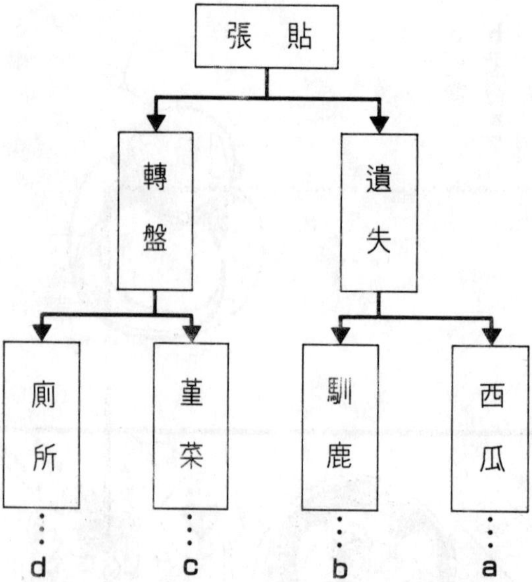

■

Q 5

妳和男友去兜風，車子行駛1～2個鐘頭後看見一片大海。當時，汽車音響播放的是什麼音樂？

a 輕快的搖滾
b 慢調的抒情音樂
c 新爵士樂
d 充滿震撼力的交響樂

■

Q6

如果是妳碰到下列的狀況妳會怎麼說？妳想在□中最適當的台詞是哪一個。

a 被妳盯著瞧會感到緊張喔……

b 難道沒有聽前輩指示你要做什麼嗎？

c 如果沒有事幹，我找點工作給你做吧。

d 我身上有什麼奇怪嗎？

Q7

■ 深夜中妳若不經意地抬頭看對面的房間時，發現窗口出現如插圖的側影！妳會有什麼反應？

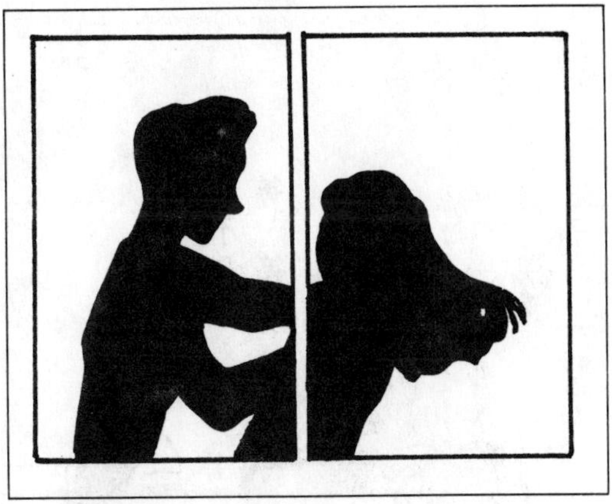

a 是兇殺案趕快向警方報案！

b 也許在吵架。

c 那兩個人可眞火熱。

■

Q 8.

目前演藝界中的諧星中妳最喜歡那一組拍擋？

a 廖峻與澎澎

b 巴望與米粉妹

c 陽婆婆

Q9 那一種血型的男性最讓妳傾心？

a O型
b B型
c A型
d AB型

Q.10

■ 下面的圖型會讓妳聯想到出什麼圖案？

a 大象

c 香蕉

b 溜滑梯

診斷的作法

這是表示妳所渴望ＳＥＸ的形式的測驗。請對照下表找出測驗得分的結果。

65分以上……A類型
52～64分……B類型
38～51分……C類型
24～37分……D類型
23分以下……E類型

d	c	b	a	A＼Q
7	3	1	5	1－①
7	3	1	5	1－②
1	7	3	5	2
5	3	1	7	3
7	5	1	3	4
7	3	1	5	5
7	1	5	3	6
	7	5	1	7
	7	1	5	8
1	3	5	7	9
	7	3	1	10

診斷A

妳的ＳＥＸ願望？

具有性虐待狂（ＳＭ）傾向

妳是重視肉體上的ＳＥＸ的類型。因此，似乎憧憬著劇烈刺激的ＳＥＸ。有時渴望有性虐待遊戲地被皮鞭抽打、玩強暴遊戲、使用成人玩具等器具……。如果表現過於激烈恐怕會使對方招架不住，因此，何不從輕淡的ＳＭ或故做抵抗而體驗被強暴氣氛的層次開始呢？

PART 2

B 不道德的類型

妳渴望精神上刺激的SEX。是有做驚人之舉的意識的類型。您是否有過想涉足禁忌的SEX領域的慾求。換言之，在妳的潛在意識中强烈渴望夫婦交換性交或女性同性戀等必須掩人耳目的刺激。但是，如果付諸實行恐怕養成習慣！也許幻想式的SEX遊戲才是明智之舉吧。

C 也許是淫亂型！

妳非常健康，而性慾則比一般人強過數倍。妳在性方面的慾求是沒有上境的淫亂型。您是想如果他的性器能更粗大……或改變體位會令妳覺得舒服呢？對方的性器大小是無法強求的，倒是體位的事妳或可主動引導？

D 有暴露狂的傾……

具有自戀狂從別人的視線也會獲得極度快感的妳，潛意識裡似乎具有希望被人偷窺SEX行爲的願望，似乎是個暴露狂。在野外或車裡心驚膽跳地怕有人來而做SEX時，反而會達到難以置信的高潮。另外，在男性眼前自慰或在鏡子的映照下進行SEX行爲的姿勢，也會使妳更加慾火焚身。

E 隱藏有調教願望

妳膽小如鼠，渴望安全地享受SEX的妳。因此，對於在性方面具有熟練技巧的男性不感興趣。注意力似乎會朝向對此毫無所知的男孩身上。換言之，在潛意識裡似乎喜歡能接受妳引導、調教的童貞男孩或美少年。趁著新鮮社會人大批湧進公司的時候找中意的對象調教調教，如何呢？

成熟的橘子

食物和「愛情」有密切的關係。在這項美食測驗中將探討愛情表現的傾向。

Q→1

妳最討厭和下面那一種類型的人一起共餐？

a 發出聲音大口咀嚼的人
b 吃飯時顯得難以入口樣子的人
c 說起話來口沫橫飛的人
d 吃東西特別慢的人

Q→2

深夜一點左右朋友突然來訪要求請他吃點什麼，冰箱裡只有兩塊豆腐和豬肉及一些洋蔥。那麼，妳會做什麼呢？

a 冷豆腐
b 炸豆腐
c 麻婆豆腐
d 肉豆腐

Q→3

下面的便當中妳最先吃的是什麼？

a 飯
b 洋芋沙拉
c 烤魚
d 滷豬肉塊

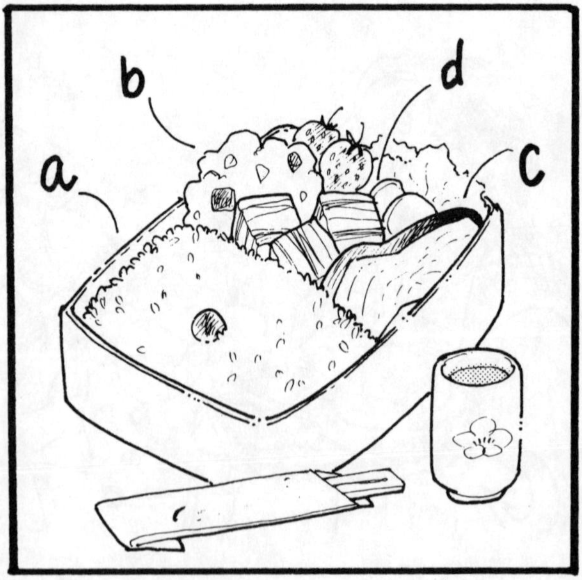

PART 2

Q→4

今天我穿上圍裙爲心愛的他動手做料理。那麼，妳會選擇下列何種類型的圍裙？

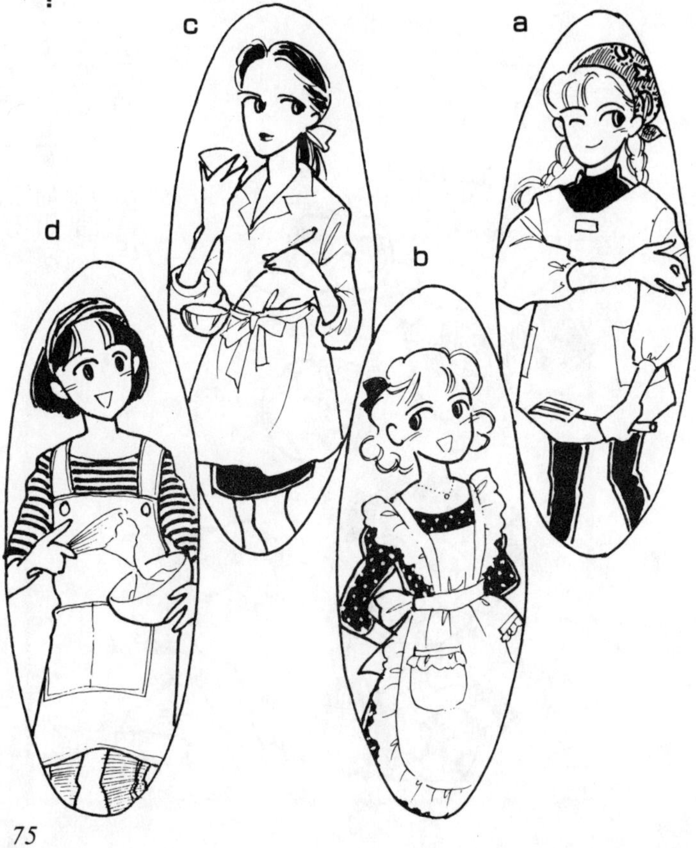

Q→5

下面那一種吃法妳會接受？請只挑選一種。

a 在番茄上加砂糖
b 在米飯上加奶油
c 在豆腐上加醋
d 在草莓上加鹽巴

Q→6

假如妳要訂一客鐵板燒，請問妳會要求什麼樣的燒烤程度？

a 生的
b 三分熟
c 五分熟
d 全熟

Q→7

妳喜歡下列那一項食品做爲漢堡的配料？

a 甘藍菜絲和乳酪

b 紅蘿蔔切塊和煎蛋

c 玉米醬和奶油酥餅

d 薯泥和豬肉

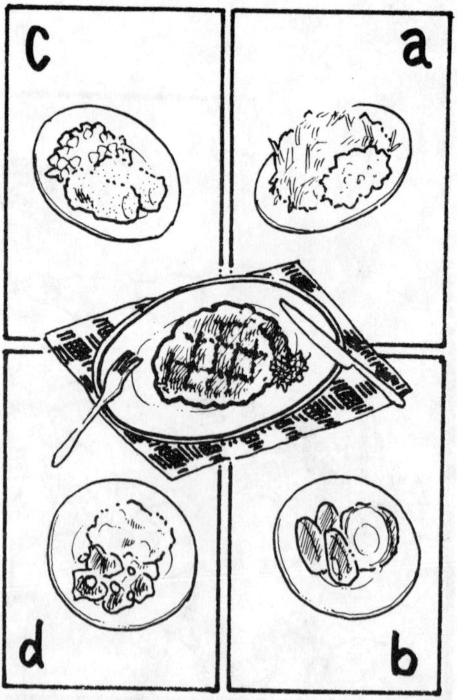

Q→8

如果妳必須吃下列四種花的其中一種，妳會選擇那一種？

a 黃色鬱金香
b 鮮紅的康乃馨
c 白色的霞草
d 紫色的三色堇

Q9

不小心睡過了頭而慌張地跑到客廳時竟然發現桌上已擺好了早餐……。那麼，如果只能吃一種食物妳會選擇那一個？

a 濃湯
b 養樂多
c 三明治
d 蘋果

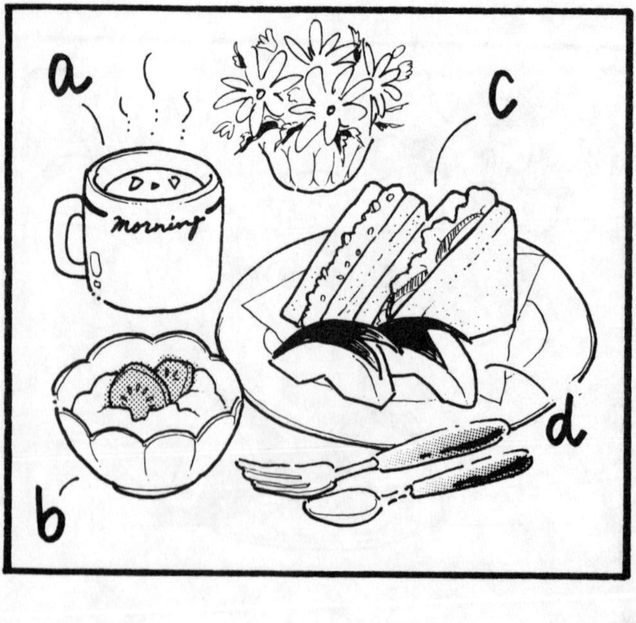

PART 2

Q10

新婚燕爾的妳在丈夫正要出外上班時卻和他大吵一架。因此，妳在便當裡做一個♥以表示妳的歉意。那麼，妳會用什麼做成一個♥？

a 魚肉鬆
b 碎肉
c 海苔
d 打散的蛋

診斷的作法

這是表示妳的ＳＥＸ類型。請從依合計測驗的得分，並找出該的診斷類別。

10	9	8	7	6	5	4	3	2	1	Q
3	3	3	1	4	2	1	1	1	2	a
4	1	4	2	3	3	4	2	4	3	b
1	4	2	3	2	4	2	3	3	1	c
2	2	1	4	1	1	3	4	2	4	d

35分以上……診斷Ａ
29～34分……診斷Ｂ
23～28分……診斷Ｃ
17～22分……診斷Ｄ
16分以下……診斷Ｅ

診斷

妳的ＳＥＸ的傾向爲何？

一 熱衷於技巧的追求

喜歡油膩而味道濃厚的妳，無法從平常的ＳＥＸ中獲得滿足。會一再地追求新的刺激、頻繁地更改性交對象，向新式的性交遊戲挑戰的正統（？）的變態類型！

有可能走向使用籐鞭或蠟燭玩禁忌遊戲的傾向。如果想要維持正常的婚姻或夫婦生活，必須改變飲食習慣，進食清淡的料理，並斷絕變態性的强烈慾望。

A

B 開朗而積極享樂的大膽派

比一般人更喜愛肉食的妳，因强烈的性慾和開化的性格相輔相成，是開朗而健康地享受SEX的大膽派。即使是初見面的男性也會誘導其上床，希望掌握主導權以女性上位的姿態進行性交。但是，由於是以玩樂的心態在享受性的刺激，交往數次後也許會令對方感到厭倦。所以最好多少保持一點矜持吧。

PART 2

C　受到誘惑即招架不住的浪漫派

非常喜好甜食的妳性格和一般人類似。不過，最大的特徵是禁不住男性的誘惑。尤其是黃湯下肚後即失去理性，往往一回神才發現床邊躺著陌生的男人。在SEX方面具有向對方言聽計從的被虐待狂傾向。如果不多少保持應有的矜持與自尊，恐怕會一再地被男人所矇騙，最後也許會落得煙花界的慘劇，千萬要小心。

D 不和情人、丈夫以外玩樂的道德派

喜歡青菜的妳，是內心冷淡而沉著的人，由於有理性的堅持是無法和丈夫或情人以外的人享受性交樂趣的道德派。另外，對ＳＥＸ行為除了清淡的正統方式外，會覺得嘔心而有排斥感。但是，這又何嘗不可呢？畢竟，ＳＥＸ並不全是人生的全部。世界上應有像妳一樣重視心靈結合的人。

PART 2

E 漠視男人的冷感症派

喜歡清淡味道的妳，對SEX的慾望也薄弱，而且多少具有神經質，會想逃避SEX。是所謂的冷感症類型。也許在少女時代曾經有過與SEX相關的不良回憶吧。總而言之，妳這種態度是不幸的。SEX是人生最大喜悅中之一，何不試著改變妳的觀念率直地享受SEX。

心理診斷

夢中的男性……

Q

這是夢中所出現的一景。現在妳在一條馬路上跟在一個陌生男性的後面。看見穿著晚禮服，戴著高筒帽的男性那威風凜凜的背影，內心雀躍地想像他一定長得英俊瀟灑……。

但是，不論妳再怎麼呼喊他，對方始終不回頭瞧妳一眼。後來，妳突然想到一個惡作劇的計劃。就是悄悄地挨近他的背後，迅速地摘掉他頭上的那頂高筒帽。結果，怎麼樣呢！顯得那麼威風凜凜的他竟然是個禿頭。然後男人轉過身來用令人害怕的眼神盯視著正感到震驚的妳。那麼，妳會向他說什麼？

解說與診斷

帽子暗示秘密，隱藏在帽子裡的東西則表示該秘密的內容。在這個測驗中妳掀開男人的帽子時發現了男人的禿頭。禿頭是不道德性衝動的象徵。

換言之，帽子下所隱藏的禿頭是妳風流韻事的象徵。而妳在摘下對方帽子後對男性所說的話則是妳的紅杏出牆露出馬腳時所做的辯解。

迅速地表示抱歉的人是在緊急狀況表現出卑恭屈膝的態度，以等待狂風暴雨消逝的類型。而在抱歉時卻又把責任轉嫁給對方說：「都是妳一直不轉頭看我啊！」的人，會把紅杏出牆的責任托詞爲是對方冷落自己，在不知不覺中把形勢倒轉。是懂得爲自己辯解的人。另外，脫口說：「啊看錯人了。」的人是故意裝糊塗以虛應搪塞的類型。但是，紅杏出牆並不是一句「看錯人了」就可矇混得過去吧……。

PART 3 太陽的聲音

從測驗中發現妳的戀愛傾向

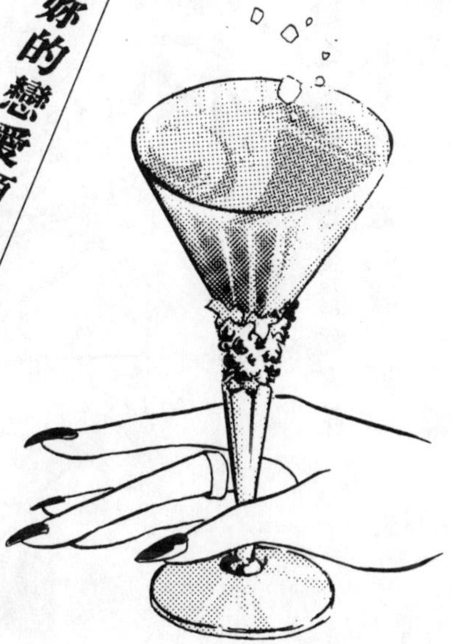

成對的酒杯

一次新的邂逅是否迸出愛情的火花全憑妳個人的手腕。在此將測試妳戀愛的高明度。

Q 1

下圖是某女性的髮型變遷，但是順序凌亂。請試著整理出正確的順序。那麼，那一個是最後的髮型？

④ ③ ② ①

a 最後的是①
b 最後的是②
c 最後的是③
d 最後的是④

Q 2

今天刻意打扮成古典風味的裝扮。和服的顏色淡綠色，那麼，妳會將前襟的顏色做什麼樣的搭配？請從下面四個顏色中選擇。

a 米黃色
b 深綠色
c 粉紅色
d 酒紅色

PART 3

Q 3

妳有一個男朋友。交往半年後，男友向妳告白某個事實：
「其實我本來是看中妳的朋友，但是，後來漸漸被妳吸引……」
那麼，妳會怎麼回答？

a「哦，妳可眞有眼光。」
b「哼！」只這麼，然後卽陷入沉默。
c「咦！是嗎？妳把我當成什麼啊！」
d「不必在意！我也是這樣。」

Q 4

不小心把男朋友送的耳環掉了。結果男朋友質疑地説「最近，妳怎麼沒有戴那個耳環呢？」妳怎麼回答？

a「那是我的寶貝，我特別把它保管起來。」

b「對不起，改天我會戴。」

c「喔，你察覺到了。對不起，我不小心掉了。」

d「我沒有和那個耳環搭配的服裝。下次買給我好嗎？」

Q5

這裡有一本莫泊桑的「女人的一生」。妳喜歡那一種字體的題字？請從下面四個中選擇一項。

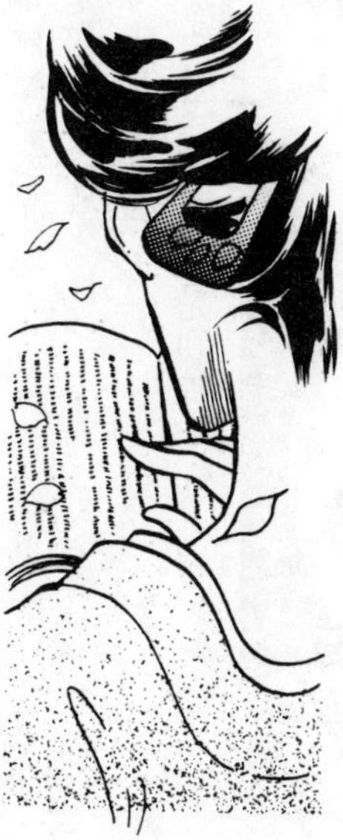

a 女人的一生

b 女人的一生

c 女人的一生

d 女人的一生

Q 6

愉快的約會將要結束。分手時妳會向他說什麼話？請從下面選擇一項。

a「打電話給我哦！」

b「我愛你！」

c「不可捻花惹草喔！」

d「下次什麼時候可再見到妳？」

Q 7

咖啡店有一對情侶正在交談。男性對女性說：「妳啊眞是（　　）」
那麼，妳認爲在（　　）中應該添些什麼字眼？請從下面四項中選擇一項。

a 可愛的人
b 搞不懂的人
c 拿你沒辦法的人
d 麻煩的傢伙

Q8

妳認爲在下圖 a～d 的花中那一種花適合「甜美生活」的氣氛？

b

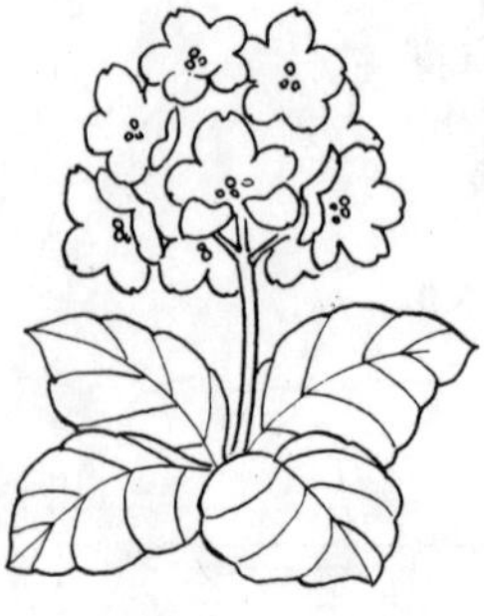

a

d

c

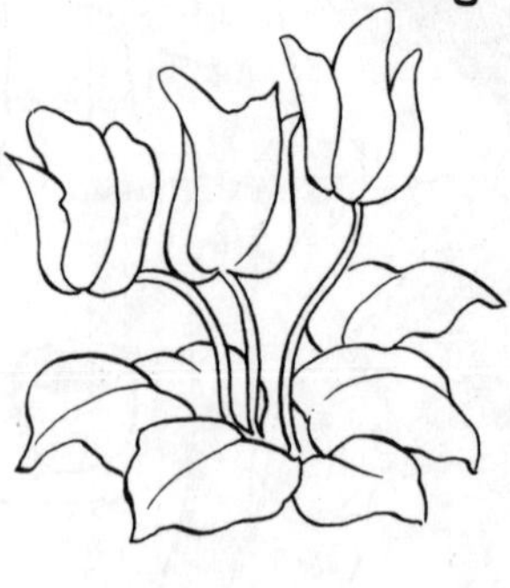

Q 9

當妳正在看昔日男朋友的照片時，丈夫突然回家了。妳想趕緊把照片收藏在櫥櫃裡，那麼，妳會藏在 a～d 中那一個抽屜？

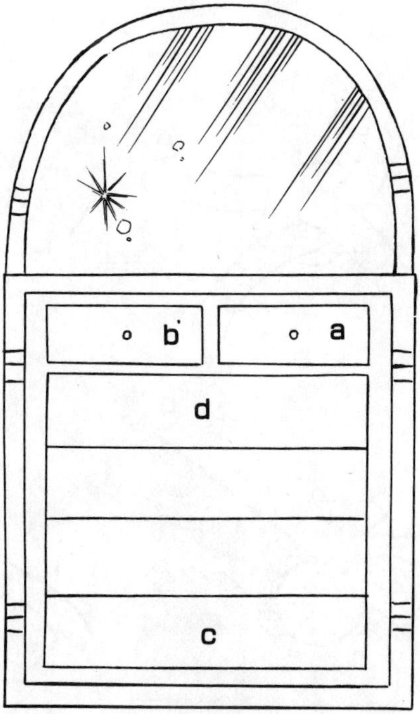

Q 10

妳覺得下列四個圖畫中哪一個最能表現ＳＥＸ的印象？

a

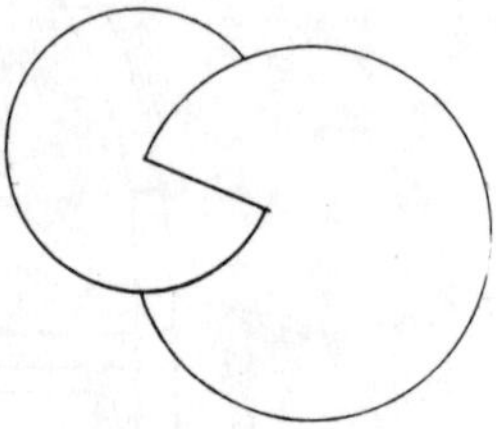

b

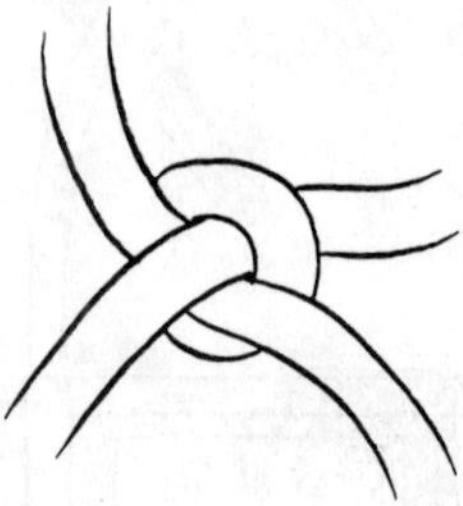

c

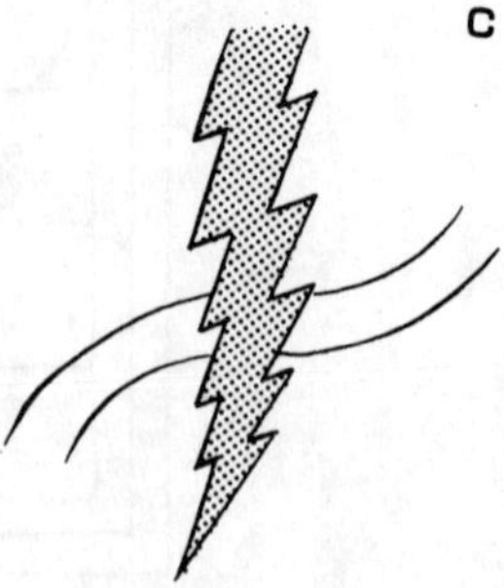

d

Q 11

請回想妳曾經交往過的男性。然後請對該男性做一句綜合評語時……

a 有各式各樣的人，不過，都是好男人。

b 有各式各樣的人，不過，好壞的差距甚大。

c 以往所交往的男性中並沒有我眞正中意的人。

d 都是不屑一提的人。

Q 12

和男朋友二人在餐廳用餐，正要離去時發現帳單正好擺在妳的眼前。那麼，妳會採取什麼樣的行動？

a 拿著帳單在櫃台交給他。
b 出於無奈而拿帳單付款。
c 立即拿起帳單交給他。
d 無視於帳單的存在立即離席。

Q 13

到交往不久的男朋友的房間。在房間裡讓他拍照時，他突然説：「讓我拍妳的裸體照吧。」
那麼，妳會對他怎麼説？
請從下面四項選擇一項。

a「我的裸體照可昂貴的很！」提出以高價禮物爲交換條件而表示ＯＫ。

b「如果你堅持的話……」勉強ＯＫ。

c「開什麼玩笑！我才不要！」斷然地拒絕。

d「改天吧。今天我不太感興趣。」藉詞脱逃。

Q 14

妳用手掠整頭髮的動作和
下圖哪一個最相似？

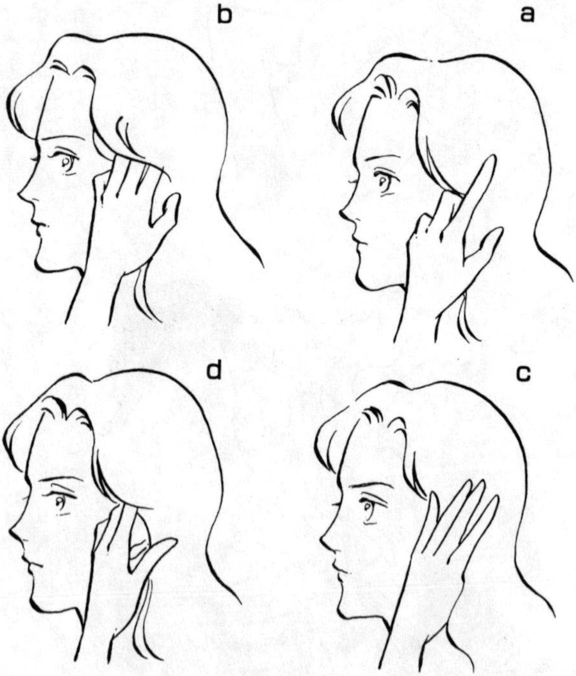

Q 15

如果要穿制服以博取他的歡心，妳會選擇下列四種制服中的哪一個？

a「再怎麼說還是夢寐以求的空中小姐的制服。」……空中小姐的制服。

b「白衣天使顯得有女人味吧。」……護士的白衣服。

c「那種精神抖擻的氣氛會更吸引人。」……女警的制服。

d「我想再次回到清純的少女時代。」……水手服。

診斷的方式

請計算答案中 a～d 的數目。然後將所得的數字與下表對照即可找出自己的診斷類型。

- a 是 8 個以上→診斷①
- b 是 8 個以上→診斷②
- c 是 8 個以上→診斷③
- d 是 8 個以上→診斷④
- 8 個以上的答案一個也沒有
  →診斷⑤

診斷 1　你的戀愛高明度？

超級戀愛高手

　　恭喜妳！妳具有敏銳的觀察力，又能準確地做狀況判斷，也具有相當的女性魅力，是各種條件齊備的戀愛高手！妳只要隨便吆喝，即可將任何男人操縱在股掌間。要將對方佔爲己有或揮手說拜拜全憑妳自由。即使紅杏出牆或和朋友的男友搞上三角關係再怎麼錯綜複雜的戀情也絕不會露出破綻。妳有可能享受多彩戀情的人生。不過，即使是百戰情場的高手也絕不可把戀愛當成遊戲。否則，戀愛的魅力會因而褪色。

2

失控類型

妳具有相當的女性魅力，也擅長戀愛的交涉。所以，要交一、兩個男友彷彿是家常便飯般的簡單！……不過，爾後的技巧不足，乃是釀成悲劇的根源。換言之，一旦有男朋友之後則不擅長控制對方，是可能會在戀愛過程中吃盡苦頭的類型。正所謂的欲制人者反受人所制，完全被男性掌握了主導權。妳的缺點是一旦和對方發生關係後即以為大可放心無慮。男人的心理並不是那麼單純啊！在妳爭我奪的戀愛世界必須嚴格一點！

PART 3

3

能扭轉情勢的類型

妳是想憑藉執著與熱情將男性佔為己有的類型。為了將覬覦的對象佔為己有妳會不擇手段。甚至捨棄一切的自尊展開進擊！有時甘願成為他的僕役、有時變成娼婦，幾近醜陋地為他奉獻一切。而一旦獲得情人的寶座後，霎那間即扭轉形勢成為嚴妻。總之，妳是掌握男性心理的高手。妳具有敏銳的直覺可以迅速地奉獻對方所要求的事物。利用這些手法在不知不覺中將男性操縱在股掌間。也許可以說妳是一種天才吧。

4

糾紛類型

妳具有十足的女性魅力及戀愛的技巧。而且，擅於社交又顯得容易親近，所以，即使不動聲色也會有男性前來搭訕的類型。不過，如果因此自鳴得意而勾三搭四，則會發生問題。妳不擅於處理與男性之間的關係，經常發生三角糾紛！結果可能因爲忌妒心過張而發展成爲案件（？）。妳太小看男性了！妳必須認識男性的「可怕一面」，充分地留意不要胡搞而釀成事端。

PART 3

5

犧牲奉獻的類型

　　老實說妳是情場上的低能兒，為了將男性佔為己有，妳似乎除了出賣自己外別無他法。因此，認為對他的要求言聽計從，處處迎合他乃是獲得愛情的捷徑。同時，即使如願以償和對方成為男女朋友，他已經對性虐待的氣氛感到十足的快感，因此，這種主僕關係會彷彿沼澤一般地越陷越深。在這種狀況下談戀愛一點也不快樂。妳應該從提升自己女性魅力開始吧！而且必須留意平等的立場和男性交際往來。

心理診斷

他的生日禮物

現在妳正在商店挑選襯衫做爲要送給男朋友的生日禮物。妳找到一件款式、色調都符合他的嗜好，而且價格也合理的襯衫。當妳想要買的時候，聽到店員在旁慫恿說：「如果搭配這種款式的領帶，感覺非常時髦哦！」妳內心雖想「眞懂得做生意……」卻也試著鑑賞店員所拿過來的領帶。但是，那條領帶似乎在那個地方見過……對了，這和妳非常熟悉的□先生以前所戴的一模一樣。

Q

〈1〉請在□內塡上妳最喜歡的名字。

〈2〉其次，妳用一句話表示慫恿妳購買領帶的女店員的印象……？

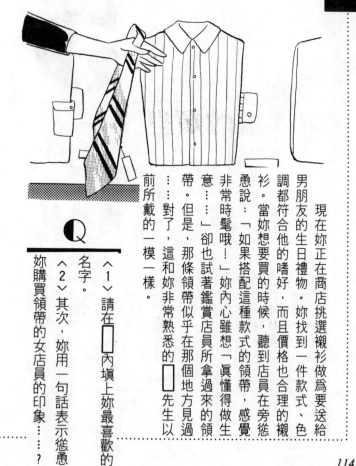

解說與診斷

這個測驗的重點是「店員」。在心理學上向妳推銷事物的店員是象徵另一個妳，亦即妳的潛在心理。同時，領帶在性方面的意義是男性的象徵。

從店員所推薦的領帶而聯想到的男性，是妳雖然未曾察覺卻在心理深處渴望與對方發生性關係的對象。

同時，如果Q2的回答是對店員的印象良好時，則表示妳並沒有壓抑這樣的感覺。如果有機會可能和Q1所回答的男性發生性關係吧。相反地，如果Q2的回答是不好的印象時，是表示妳的道德意識極強，不可能實際地採取行動。

隻字片語

若要使自己顯得更有魅力，本單元中的隻字片語頗具效果。接著來調查妳的戀愛技巧吧。

Q…1

工作中不經意地將視線望向影印室時，同事K小姐和妳所心儀的Y先生在一起拷貝文件而且顯得相當親暱，這時妳會如何呢？

a 佯裝要拷貝文件而趕緊走向影印室。

b 雖然在意卻持續工作。

c 事後若不經意地問K小姐當時所談論的話題。

d 大聲喊叫K小姐，找事情拜託她。

Q2

請在下圖的手錶上描繪錶針，請問妳所描繪出的時間與下列何者最相近？

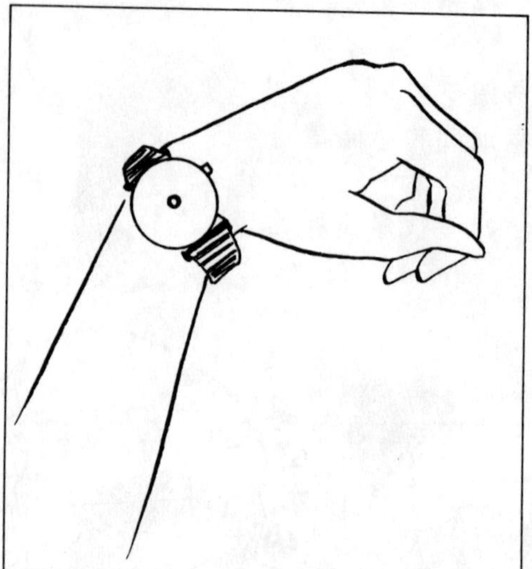

a 是正好△時的時間
b 是△時三十分
c 是△時十五分
d 其它

PART 3

Q3

妳到休息室時，發現心中中意的男性正在裡頭倫閒打瞌睡。當時察覺到妳的他調皮地眨一下眼表示「保密喔！」而妳的反應是？

a 沉默地點了頭

b 露齒微笑

c 同樣地眨了一下眼

d 做出OK的手勢

Q…4

和暗戀中的他參加公司慰勞旅行的K小姐想要利用這個機會向他表白愛意。如果是妳會選擇那一個時間做爲表白的良機？

a 在乘坐的巴士上坐在他的隔壁……

b 當宴會進入高潮時，坐在他的隔壁……

c 宴會完後叫他到外面……

d 在歸途的巴士上坐在他的隔壁……

Q…5

妳認爲表示男女關係的插圖中以下列的 a ～ d 的那一個最適合？

a 燈塔與船

b 茶杯與托盤

c 兩棵併立的樹

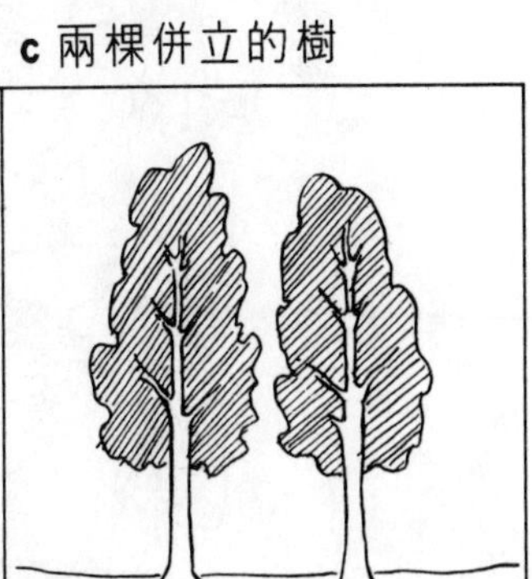

d 花和澆水壺

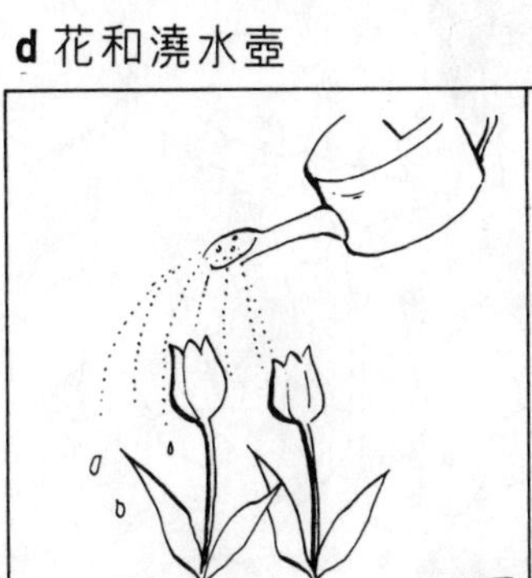

Q…→6

某天，在飲酒的宴會上被妳心儀的男性說「妳仔細看時非常漂亮。」的Y小姐臉上帶著微笑說「□」。請妳從a～d中挑選一個最適合填在□中的語詞。

a 這麼說好像我平常長得不好看囉。

b 適合妳的口味嗎？

c 妳也是比想像中還好的人。

d 我經常被人這麼說。

PART 3

Q…→7

A小姐的男朋友說「有重要的事要談」而邀約A小姐到平常約會的店裡去。A小姐內心忐忑不安帶有一絲期待地等他說出來意。然而，他卻一直不肯談到正題。這時，若是妳會怎麼樣？

a 坦率地問他「重要的事是什麼？」

b 催促對方說：「我沒有太多的時間。」

c 靜靜等待直到他說出口。

d 當他在做別的事時刻意地表現出不耐煩的樣子，並若不經意地摧促他趕快進入本題。

Q…→8

電視連續劇中正要拍攝一場新婚不久的妻子因聽丈夫説明天禮拜天要去打高爾夫球而鬧彆扭的場面。如果妳是導演妳會處理什麼樣的場面？

a 鼓起腮幫子轉過頭去。

b 把高爾夫道具藏起來。

c 用圍裙遮臉佯裝哭泣的樣子。

d 用手搥打他的胸口表示不願意。

PART 3

Q9

妳被選爲公司將舉辦的戲劇大會的主角，並讓妳指定演對手戲的男性。那麼，妳會從下列a～d中挑選誰？

a 趁這個機會選擇暗戀中的他。

b 選擇上司等無關緊要的人。

c 選擇平常最親近的男性。

d 請別人代爲決定。

診斷的形成方法

請將答案對照下表，算出總分。再找出自己所屬的診斷類型。

	Q1	Q2	Q3	Q4	Q5	Q6	Q7	Q8	Q9
a	7	7	1	7	5	1	3	3	7
b	1	5	3	5	3	7	5	1	3
c	3	3	7	3	1	5	1	5	5
d	5	1	5	1	7	3	7	7	1

53分以上……診斷A
41～52分……診斷B
31～40分……診斷C
20～30分……診斷D
19分以下……診斷E

診斷 妳的戀愛技巧？

A 惹人生厭的類型

咎由自取

欲制其人反受其人所制

妳在戀愛技巧上可謂出類拔萃，而且有十足的女性魅力令男性神魂顛倒。在掌握男性心理方面擁有相當的自信。但是，實際交往之後男友似乎常會把感情轉向比自己更不醒眼的女性身上。原因乃在於妳只用心於講求技巧而令對方感到厭倦。男性多半具有純純的愛的幻想，如果能將妳的魅力、戀愛技巧稍微抑止也許實際的成功率反而較高。

B 高手的類型

妳是具有高度戀愛技巧的人，即使有一股成年女性的炙熱情火，然而在緊要關頭會適度地矜持，營造出最讓男性憧憬的清純的愛的氣氛，而使妳更獲好評。以看似純潔無垢的風情吸引男性，然而一旦開始交往即將本來的女性情慾發揮的淋漓盡致，誘導他進入自己的世界，簡直可以稱爲戀愛的高手。而在戀愛的歷練中妳會顯得更具魅力。戀愛高手的技藝會隨著年齡而更光彩奪目吧。

C 不搭調的類型

妳平常是直截了當、行動敏捷帶有男性化的類型。
但是，當妳在喜歡的人面前時，由於過度在意自己的表現而會有裝模做樣的傾向……。事實上妳自己也會覺得和本性不搭調而疲憊不已。與對方的關係也可能自然的消滅。本來妳是擅長接近男性的人。不要刻意做作只管放輕鬆反而能找到好伴侶喔！來吧，加加油！

D 主動上門的類型

在戀愛的熱情上比一般人強烈，不過，技巧上卻差人一等的妳，一旦有了中意的男性可能會發揮妳的耐性和衝勁緊追不捨。同時，即使一開始交際也會頻頻地以「我愛你」的攻勢讓男朋友幾乎無招架之地。在這種情況下即使妳多麼具有魅力，也會令男性望而怯步甚至落荒而逃。男性本來是以追求女性爲生存的目標，妳應該在男女之間的玄奧之處做點研究，不要一味地追趕，有時也應學習撤退。

E 相當外行的類型

妳是個純真而認真的人。妳似乎認爲爲了成就戀愛而運用技巧或活用女人的武器是不純潔的！結果，妳會以真心來吸引男性，是願意與對方推心置腹的美人。雖然以真心獲取對方的歡心也是方法之一，不過，愛情的獲得率卻不高。因爲，男性絶對不會受誘於呆板無趣的女性。不要堅持己見，坦率地扮演一個俏女郎吧！

這位小姐，您豈不是過著像尼姑的生活？

兩面鏡子

向被男性操縱於股掌之間的自己說拜拜！測驗觀察男性的眼力。

PART 3

測驗……1

首先請從下面四個人選中挑選約會的對象。

廣告代理商經理、27歲、富有知性品味，話題豐富。優雅地護衛女性而不致使對方厭倦。

戲劇演員、26歲／運動員類型，肌肉健美迷人，年輕而開朗的類型。愛車24歲／

設計師、32歲。成熟歷練、瀟灑的中年人。對女性的嗜好或食物以挑剔的類型。

某醫科大學生 二十四歲 醫生的兒子，財源滾滾。雖然帶有花花公子的味道卻具有絕佳的將來性！

Q 1

今天是期待已久的約會日子，妳正雀躍地打算出門。但是，突然擔心他該不會遲到吧……。於是慌張地打電話到他的家裡。

鈴鈴鈴——鈴鈴鈴——

「啊，是我。你知道今天約會的時間吧？」

「我以爲是什麼事呢，我是那麼不遵守時間的人嗎？」

對於他那略顯得不快的回答，妳會如何反應？

a「人家及嘛，想聽你的聲音。」

b「對不起，我天生的急性子嘛！」

c「對不起。我並不是懷疑你。」

Q 2

和他約會的場所是在車站的剪票口前。提早到達的妳在柱子前等候。下面的插圖中那一個是最接近妳的姿勢？

d　c　b　a

PART 3

Q 3

他終於來了。首先妳們決定先去喝一杯咖啡。二人走在街道打算前往他常去的咖啡店時，前面走來一對曾經和妳交往過的男性和彷彿是其女友的女性手拉著手靠向前來！而對方似乎也察覺到了。那麼，妳會怎麼辦？

a「我們往這邊走吧！」拉著他走向旁邊的馬路。

b 轉過頭以拒絕對方打招呼的態勢擦身而過。

c 頭注視地面、內心忐忑不安並祈禱對方不要向自己搭訕，結果與對方擦身而過。

d 既然雙方已留意到對方的存在，只好彷彿一般的朋友一樣向對方打招呼說「啊，你好！」

Q 4

男朋友帶我去的是一家時髦的咖啡BAR，碰巧店裡客滿，必須和其他顧客共坐一桌。那麼，妳會邀他坐那個位置？

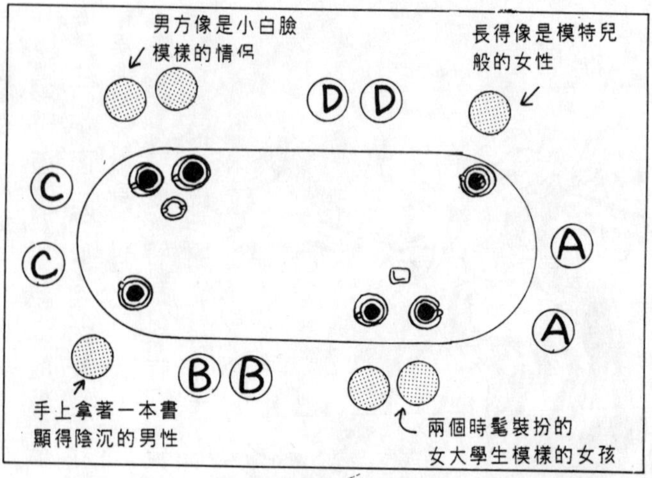

Q 5

決定好位置尚未點飲料時，那對情侶突然發生激烈口角，似乎是彼此的牢騷，爭吵的內容清楚可聞。聽到他們爭吵的妳，會採取什麼樣的態度？

a「我們換個位置吧。」以不快的態度站起身來。
b帶著事出無奈的表情看著他的臉。
c大聲地開始說話以掩滅那對情侶的爭吵聲。

Q6

離開咖啡店決定去看一場電影。羅蜜歐與茱莉葉的現代版電影從下圖的這場戲開始。畫面中的女性是主角。接下來的戲是爾後成爲情侶的男性會出現。妳覺得他會以什麼樣的情況登場呢？

a 車子停在巴士站的前面向女主角搭訕說「要不要搭一程？」

b 她坐上巴士，與那位男性雙方的視線交合。

c 他走到她的身邊，一起等待遲遲不來的巴士。

d 「嗨！」那名男性從背後以熟識的朋友的口吻向她搭訕。

Q 7

看完電影後的二人到附近的公園散步。這座公園是著名的約會場所，四周到處可見濃情蜜意的情侶。他突然說「我們何不也像對情侶一樣？」那麼，妳的反應會如何呢？

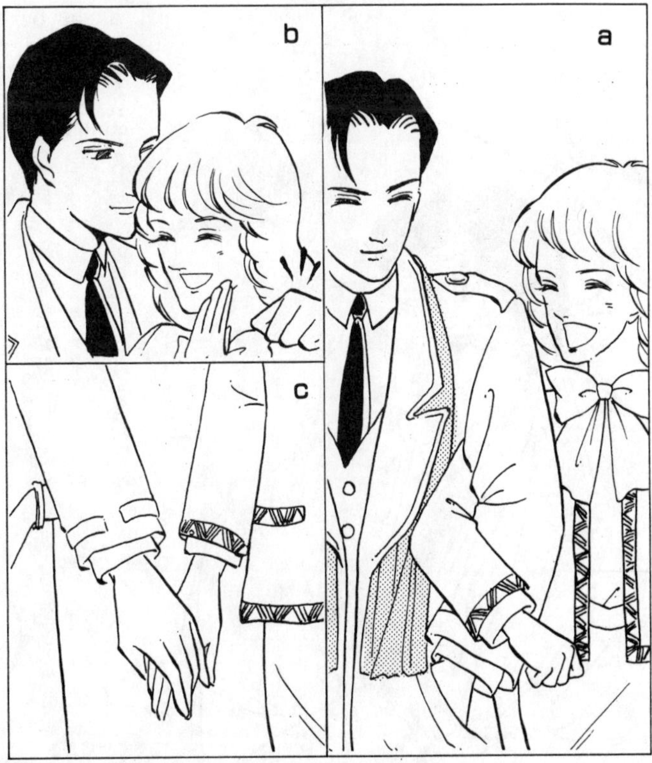

Q 8

不知何時夕陽已西沉，四周陷入黑暗的世界。坐在公園椅凳上的二人沉醉在濃情蜜意的氣氛中，妳鼓起勇氣問他「愛我嗎？」而對於他的回答妳最會感到高興的是那一句？

a「當然啊。」
b「如果不愛妳怎麼會像這樣地和妳約會呢？」
c「我的心和妳一樣。」
d「看我的表現妳應該了解我愛妳吧？」

Q 9

改變約會場所，妳們二人正要進入富有羅曼蒂克的酒吧，該酒吧有四種類型的座席，妳會選擇那一種呢？

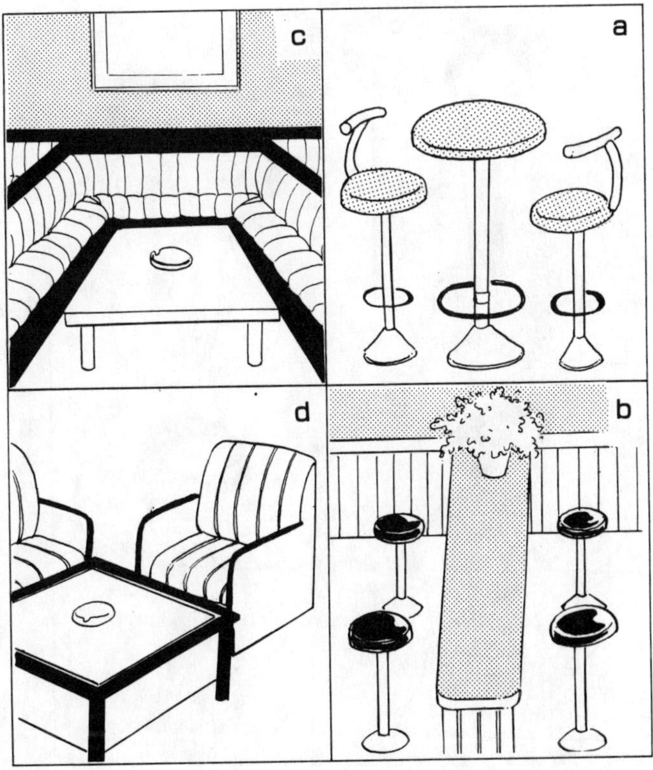

Q 10

今天的約會將要結束，二人約定下次再見而分手。這時，妳最喜歡他說再見時採取那一種姿勢？

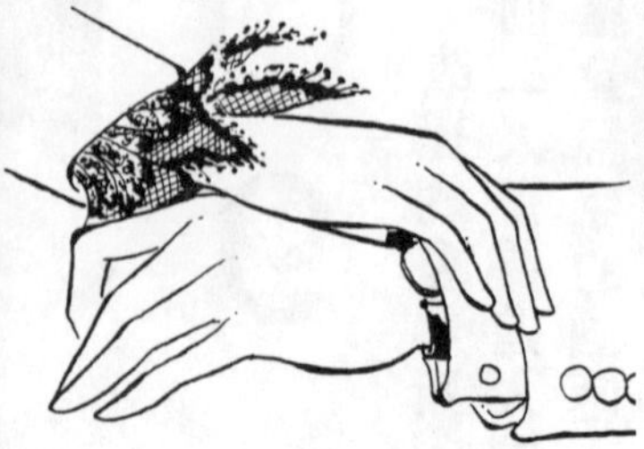

a

舉起單手瀟灑地做出「再見的手勢。

b

微側著頭有點靦覥地再見。

c

輕揮著手彷彿朋友一般地告別。

d

彷彿隱藏羞澀一般呆板地說「再見」而離去。

迷你診斷的形成法

請依下面的得分表合計妳的得分。求出總分後再加上在1測驗的開頭所選擇的男性的點數。該四種類型的男性的配分如下。

A－4分　B－2分

C－8分　D－6分

所得到的分數是妳的綜合分數。

d	c	b	a	答 問
	1	3	7	1
5	3	1	7	2
5	3	7	1	3
7	3	1	5	4
	1	3	7	5
5	3	1	7	6
	7	1	3	7
1	3	7	5	8
3	7	1	5	9
1	5	3	7	10

62分以上→診斷 I

46～61分→診斷 II

30～45分→診斷 III

29分以下→診斷 IV

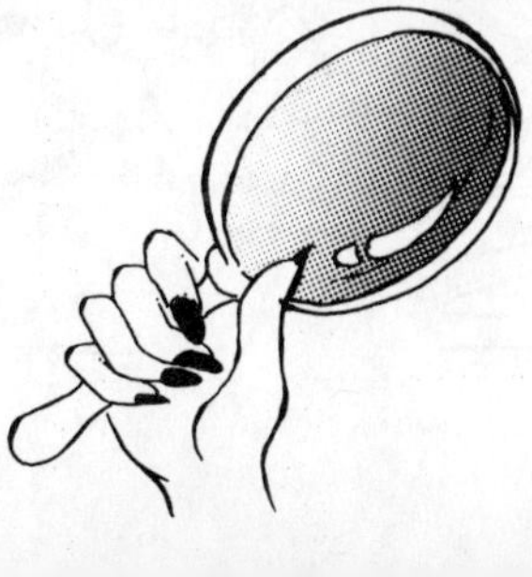

測驗1・迷你

診斷

I

妳觀察男性時首先注意的是對方是否具有强烈領導能力的人。妳對於凡事領導自己，爲自己代勞的男性最爲沉迷！如果外觀上是體型碩壯又兼具內涵的男性更無懈可擊！

II

妳是很容易被帶有親切氣氛的男性所吸引的類型。個人主義的妳最不擅長與要求如膠似漆的親密關係而緊追不捨的男性交往。因此，妳的注意力會朝向不束縛妳而帶有輕鬆氣氛的男性身上。除了能夠以朋友的感覺率性地交往的男性之外，縱然潘安再世也不屑一顧。

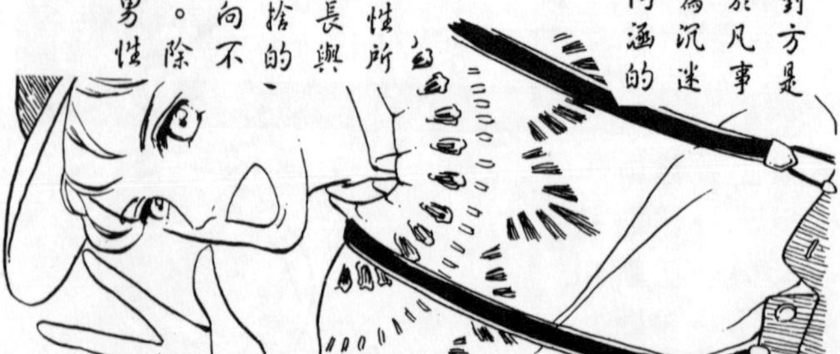

III

妳是幾近異常地被顯得懦弱無助的男人所吸引的類型。這是因爲妳比一般人具有更豐富的母性本能所造成的。因此，一旦碰到凡事必須倚靠他人、帶有戀母情結的男性時就割捨不下。當然，喜歡外觀上顯得弱不禁風的人。

IV

妳是觀察男人時最重視對方是否具備溫柔與包容力的類型。具有戀父情結傾向的妳無形中會被和理想中的父親類似的男性所吸引。當然，所中意的目標往往是年齡方面比自己高過數歲的男性。因此，很可能有過數次的不正常戀情。

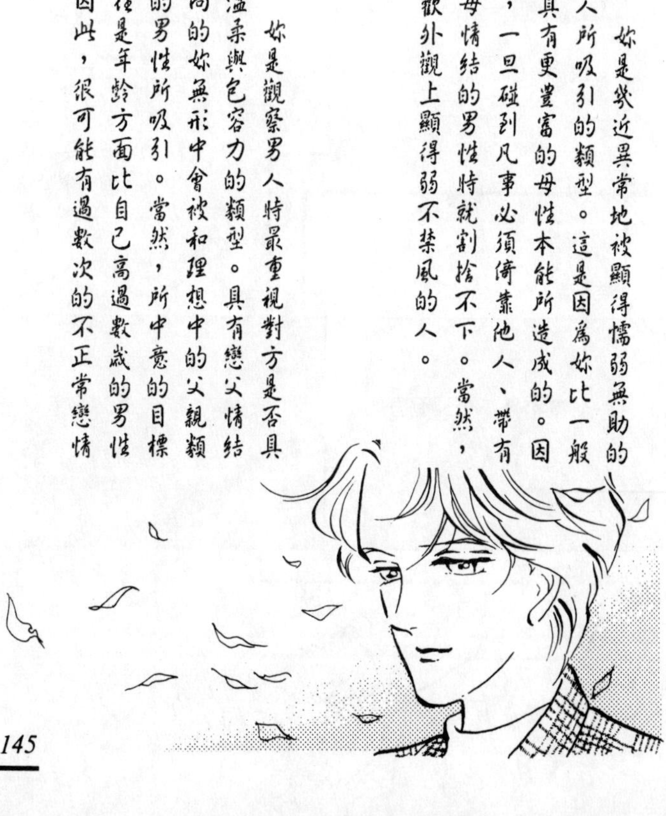

測驗　2

從ＳＴＡＲＴ開始根據所回答的問題的答案是ＹＥＳ或ＮＯ依序做答。

START

← YES

←--- NO

妳是否認為讓朋友介紹男友是自己缺乏女人味的表示而不願朋友幫忙？

是否曾經無法坦率直言而吃虧？

妳對車子極為挑剔嗎？

當妳看見一羣帥哥並肩而行時是否會感到憤怒？

妳是否覺得找一個不太英俊的男朋友可避免婚後的外遇？

妳所喜好的明星多半是演技派的醜男類型嗎？

妳打算邀請一百人以上的親朋好友參加自己的婚禮嗎？（這麼做了嗎？）

是否曾經執拗不休地詢問男朋友從前所交往的女性？

是否曾經想過只要有愛即使對方是殘障者也無妨？

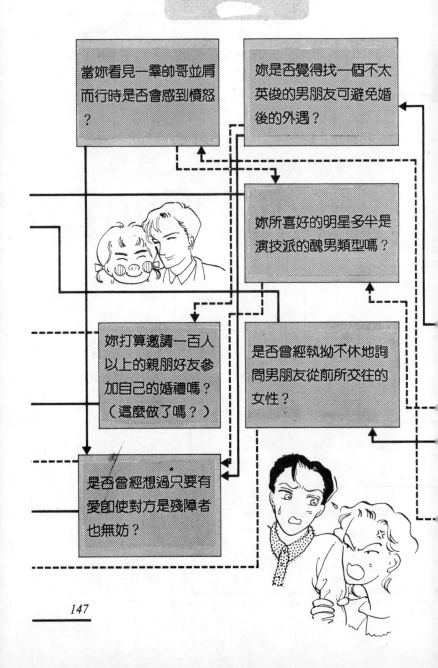

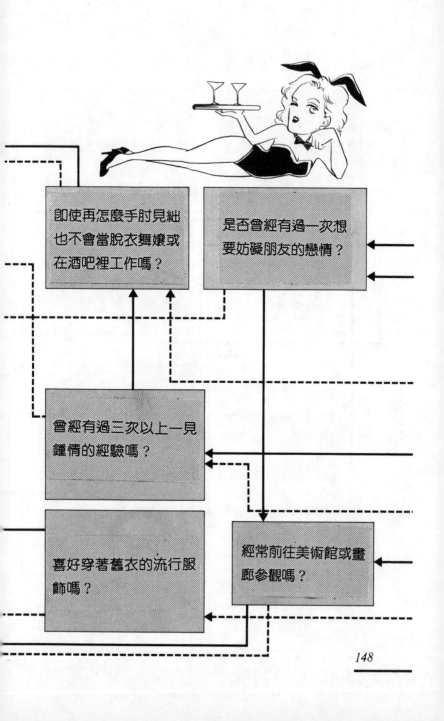

即使再怎麼手肘見絀也不會當脫衣舞孃或在酒吧裡工作嗎？

是否曾經有過一次想要妨礙朋友的戀情？

曾經有過三次以上一見鍾情的經驗嗎？

喜好穿著舊衣的流行服飾嗎？

經常前往美術館或畫廊參觀嗎？

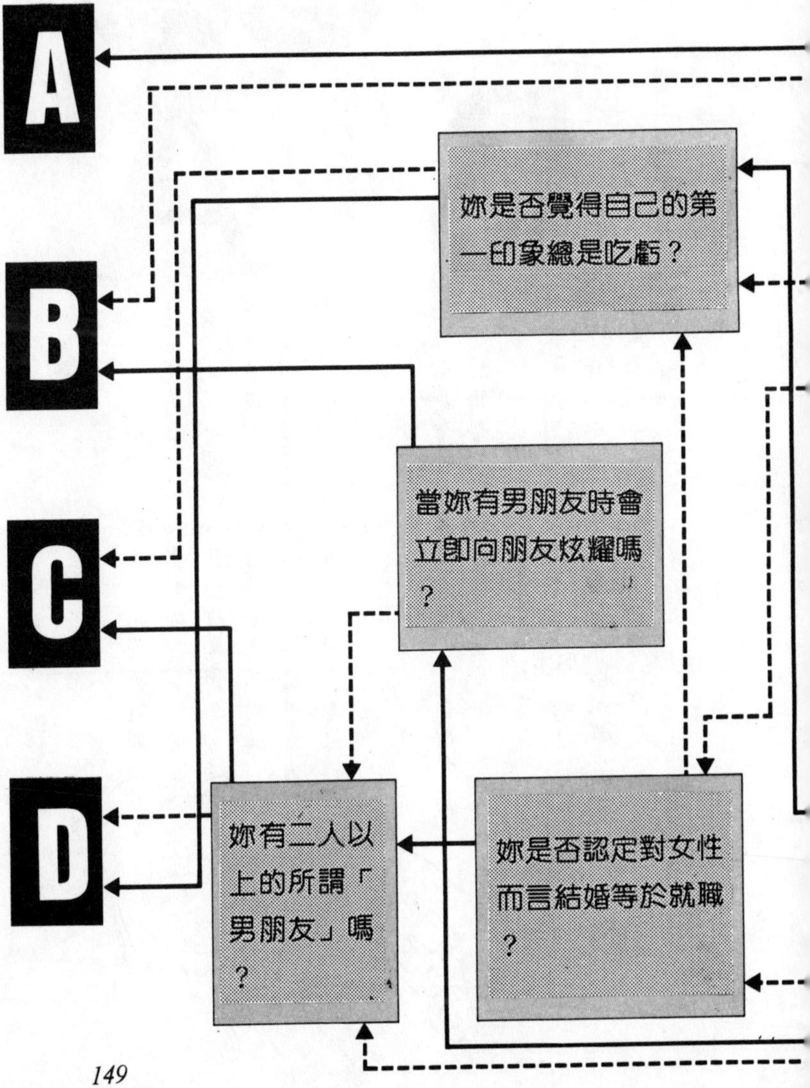
A
B
C
D
妳是否覺得自己的第一印象總是吃虧？
當妳有男朋友時會立即向朋友炫耀嗎？
妳有二人以上的所謂「男朋友」嗎？
妳是否認定對女性而言結婚等於就職？

測驗2・迷你診斷

A

妳是會因「外表」而混亂對男性鑑賞力的人。如果對方是英俊瀟灑、充滿性感的人就已神魂顛倒。毫不在意對方的內在良否，只因其外表而沖昏了頭。如果不特別留意這一點恐怕會碰到麻煩，請千萬注意。

B

妳是會被當時的氣氛、感覺所朦蔽的類型。譬如，妳很容易落入花言巧語的男性的圈套；幾杯黃湯下肚即放鬆所有戒備等等。同時，當深夜二人踏上歸途時往往因形勢已成而信步走向旅館，請穩住陣腳啊！

PART 3

C

混亂妳對男人的鑑賞力的是「物質」或「金錢」！當對方是富家子弟，搭乘賓士車時就認爲對方是夢寐以求的白馬王子。同時，也容易傾向於頻繁地送禮物給自己的男友。物質主義的你請更重視精神吧！

D

令妳對男性的鑑賞力混亂的竟然是「義理人情」。重視義理的妳如果是朋友或上司介紹的男性即使不中意對方，也往往基於若拒絕對方則對介紹者不好意思的人情義理而委屈求全。同時，對於交往已久的男性很難說出分手的決定。請堅強一點！

診斷的形成法

從下表可判斷妳的「對男性的鑑賞力」。測驗 1 和測驗 2 重疊的部分就是妳所得到的診斷。

D	C	B	A	測驗 2 / 測驗 1
4	3	2	1	I
8	7	6	5	II
12	11	10	9	III
16	15	14	13	IV

綜合診斷

妳對男性的鑑賞力？

在此是要判斷妳對男性的鑑賞力。判斷部分所出現的得分是妳對「男性的鑑賞力」的指數。

●1

60分

妳對於外觀顯得强壯、勇猛的男性顯得招架不住！尚未觀察對方的內在特只憑乍看之下的第一印象就對對方產生信賴感。理所當然地會有許多出入。請參考朋友等周遭人銳利的眼光，留意更正確地做判斷吧！否則妳可能成爲黑道的大人。

●2

80分

妳是很容易陷入對方掌握中的類型。縱然對方如何强迫性的追求，也不可立即妥下結論！應仔細地觀察直到對方的本性表露出來。尤其是陷入困境時找對方商量即可分辨出他的領導是否出自真心。只要能不怠慢這個檢查則萬事ＯＫ。

3

50分

當妳發現對方的頭銜或地位極高時，很容易反射性地認為對方是「值得信賴的人」。但是，也許他只不過是扶不起的阿斗，是個優柔寡斷的人。最好讓男性朋友代為鑑定，當對方不再有耀人的頭銜時，是否還是獨當一面的人較為妥當。同性者對這方面的觀察較為嚴厲。

4

40分

妳是當周遭人的反對聲浪越激烈時越鍾情於目前的男友而無法自拔的類型。結果，很可能把爛貨當成寶貝。為了預防這一點必須在心情冷靜時擬出一份男性的鑑定表。有六成以上帶有×記號的男性，應毫不容情地從妳的戀愛名冊中除名。

⑤

50分

妳是容易被虛榮的花花公子類型的男性所吸引的類型。不可因為對方耍起其擅長的遊樂技巧，讓妳感到有如騰雲駕霧般的舒適就立即對他投懷送抱！只會談論汽車與流行服飾的男性幾乎都是空心蘿蔔。必須確實地分辨外表與實質上的差異。

⑥

40分

妳是在極為輕鬆的心情下選擇男朋友的類型。只要和對方意氣相投則願意以身相許……。應該更嚴格地珍惜自己！養成隨時確認自己是否打從心裏想向對方投懷送抱的習慣。性關係在確認之後也不遲。

⑦

90分

妳在鑑賞男性方面極有一套。但是，唯一的缺點是不擅長應付和妳有「成年人的關係」而給妳補償的多金男性。而且，還具有對於在這種情況下結交情人的自己感到新潮的自我陶醉的惡僻。應該讓朋友打妳一記耳光，使妳早點從癡夢中醒來。

⑧

60分

妳是明知對方和自己並不合適卻仍然持續往來的類型。妳並非缺乏鑑賞男性的眼力，只是沒有勇氣根據所得的判斷行動而已。妳必須對自己的眼力具有自信，率直地依自己的感覺而行。否則永遠只能和不相稱的男友為伍。

9

20分

妳是個相當危險的類型。妳遇到外型可愛、顯得稚氣的男孩恐怕會爲他付出一切。而且，最後連金錢也進貢給對方。總而言之，必須捨棄把男性當成寵物的觀念，男性應該是值得倚賴而堅强的動物，若喜歡寵物則養養烏龜吧。

10

20分

妳碰到娘娘腔的男性就不知所措。當對方搔首弄姿地有所要求時就舉手投降了！不過，這種味道的男人在性方面多半也是娘娘腔型。若要體驗真正的性快感應慎選身心健全的男性。

11

70分

妳具有沉迷於戀母情結類型男性的傾向。妳對男性的鑑賞力並不好，不過有特也會帶來好結果。因爲，真正的富家公子中有許多戀母情結者。因此，妳也可能因此而攀上權貴有如「鹹魚翻身」。

12

10分

妳真是個令人傷腦筋的類型。碰到男性哭哭啼啼哀求的作態就不知如何應對。慈悲的情懷的確可敬，然而妳的情況卻顯得病態。妳必須使自己變成更爲冷淡的女人！因爲，容易因感動而落淚對自己並沒有好處。請更加地重視自己吧。

・13

20分

妳是最容易發生不正常戀情的類型。如果碰到外觀時髦、打扮入時的紳士模樣的中年人搭訕，會禁不住閃爍著物欲的眼光而答應對方的要求。而且，令人擔心的是，妳很容易持續這樣的關係。如果渴望有正常的婚姻應該斷絶與同年代以外的男性交往。

・14

30分

老實說妳是具有淫亂素質的人。只要對方不是太沒神經的男性，在一起飲酒而志趣相投時會認爲發生性關係是理所當然的。而且，一再地更換交往的對象。對妳而言，與其如何鑑賞男性的問題，最重要的毋寧是先矜持自己。依然保持目前的景況極爲危險。

15

90分

妳是在鑑賞男性方面具有相當高水準的人。妳會從對方的人品、經濟能力等各方面慎重地檢討而歸納出結論，因此，不會有判斷與實質上的出入。不過，因爲如此很容易只注意態度嚴謹的男性。如果把幽默感及遊樂心也加入選擇的條件，妳對男性的鑑賞力則完美無缺。

16

30分

妳對男性的鑑賞力很容易被父母左右。妳具有對對方是否感到愛情之前先顧慮父母對該人的評價如何的傾向。在這種情況下永遠也找不到中意的男性！體貼父母的心意雖然不錯，可不要忘記談戀愛的可是妳自己本身。

心理診斷

她的喊叫聲？

Q

請看上面的插圖回答下列的問題。

〈1〉妳認爲插圖中的背景說明以a～c中那一個最適合？

a　氣球上紅色的線從少女的手中鬆開，氣球往天空飛翔而去。那是大她三歲的哥哥買給少女的氣球……。

b　在森林中散步的她突然發現從一根樹幹上垂下一個顯得閃閃發亮彷彿是繩索一樣的東西。她想伸手去確認到底是什麼時，那個東西卻突然轉身逃開，原來是條蛇……。

c　她在登山中不愼從岩壁上滑落，左手好不容易抓住繩索，但是，漸漸地失去手勁的感覺而鬆開手的霎那……。

〈2〉請根據Q1的答案在插圖上塡上一句台詞。

解說與診斷

繩索狀的物體在心理學上是男性性器的象徵。根據Ｑ１中妳認爲插圖上彷彿繩索的東西是什麼可以看出在ＳＥＸ中妳渴望男性所做的事。

a

把繩索狀的物體看成是氣球繩子的妳是個幻想家，同時，氣球也暗示著妳缺乏自信。妳是非常喜好在男性的甜言蜜語下獲得充份的愛撫，喜歡男性徹底地爲妳服侍。若非如此則無法獲得被愛確信的類型。

b

蛇使人聯想「惡」。妳似乎渴望帶有不良氣息的ＳＥＸ。被性虐待、毆打、啃咬、在身體上塗上蜂蜜或煉乳等等。內心渴望帶有一點不道德、衝激性的被愛方式。

c

繩索是表示「命綱」。妳是渴望藉由ＳＥＸ而獲得與他的生命相連接的類型。妳較不重視細微的技巧或氣氛而是非常喜好刺激的類型。

Ｑ２的答案是妳達到高潮時所說的話。現在所握著或想要握著的「繩線狀的物體（＝男性的象徵）」突然離開自己時的印象可以視同ＳＥＸ中達到高潮的瞬間感受。＼

PART 4 天空的裡側

在此將揭露你是否有追求刺激愛情的傾向

放蕩的街道

本章將測驗妳的放蕩程度。
請依序回答下列問題。

PART 4

Q 1

　　妳在下班回家的途中，發覺好像被人跟蹤而停下腳步回頭觀察來路，不料卻發現S男同事正逗留在一根電線桿後面。這時候，妳又想起以前曾經聽同事對妳說S好像對妳有意思的傳聞。那麼，現在遇到這種情形妳會怎麼辦呢？請從a～d中挑選妳的答案。

a 裝作沒看見繼續往前走
b 突然拔腿就跑
c 轉身向S打招呼問他有什麼事
d 故意走進商店裡面看S有何反應

Q2

在睡夢正甜的男性身邊躺著一位啜泣淚流的女性。請問她是爲什麼而哭泣呢？

a 爲做出杯水之愛的自己感到悲哀而哭。

b 因感到幸福滿足而情不自禁。

c 想到兩人今後的前途茫茫而感到悲傷。

d 因爲他說兩人以後必須分離了。

Q 3

這裡有一支口紅。如果要找一件小東西和這根口紅配對照相的話，妳認為下列那一種東西最合適？

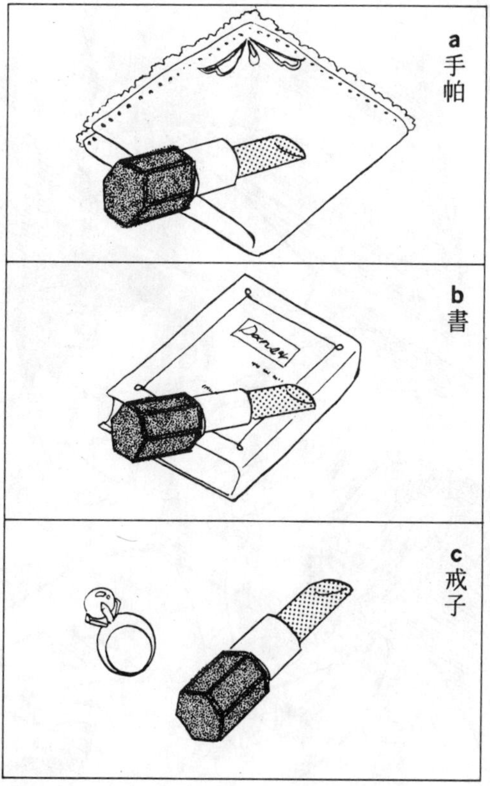

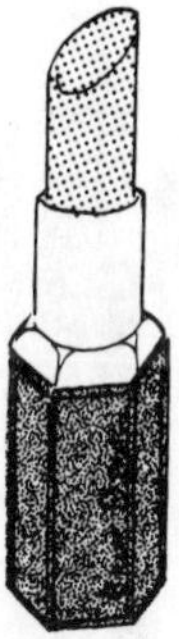

Q 4

假設有一天妳向正在交往中的男性提出分手的要求，對方卻暴怒地嚷著說「要殺妳！」這時候妳會有什麼反應呢？

a 會很激動地說：「請吧！有種的話你就殺吧！」

b 會跟他解釋說：「一時之間難免會如此地情緒激動，不過，以後很快就會忘了。」

c 無視對方的反應逕自地回家。

d 會很冷酷地對他說：「你這麼說對我是不公平的。」

PART 4

Q-5

下列敘述情況與妳相似者請打○。

♥

・目前是留著長頭髮。
・喜歡用紅色的口紅。
・覺得讓情人吃醋是一種快感。
・有時候會茫然地凝視著男性。
・總覺得很想將別人的東西佔爲己有。
・認爲自己很早熟。
・如果去飲酒會選擇較高格調的場所而非大衆場所。
・經常覺得男性是可愛的。
・愛用麝香的古龍水。
・不經意地會調侃年幼的男性而引以爲樂。

Q6

妳覺得在她的胸前若要戴裝飾品，最好選擇a～c中的那一個？

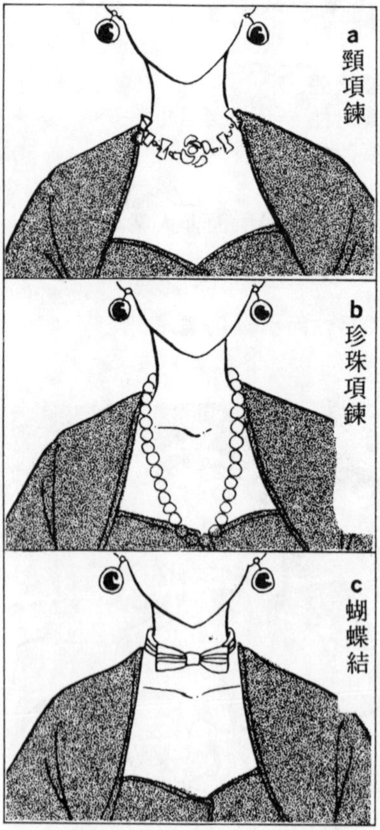

PART 4

Q7

某女性正在海灘做日光浴時，有一名男性前來搭訕。這位女性對於他的搭訕以▭打發掉了。妳覺得在▭中以下面 **a**～**d** 中的那一個說詞最爲恰當？

a 我有同伴喔。
b 下次吧。
c 找其他女孩試試看。
d 你擋住我的陽光了。

Q8

如果妳要在電視連續劇裡扮演一個壞女郎，妳認爲那一種類型最適合妳？

a 擁有玲瓏的曲線與美貌的人。
b 帶有嘲諷性格及散發出冷靜氣氛的人。
c 具有像貓一樣容貌與性格的人。
d 予人嬌弱的印象卻是成熟的女人。

PART 4

Q9

有一個女性在酒吧的櫃台喝酒，她右手刁著一根香煙，妳認爲她的香煙長度是多少？

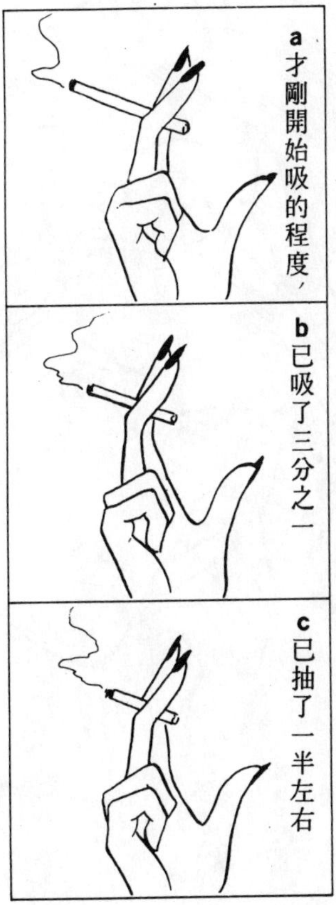

a 才剛開始吸的程度，

b 已吸了三分之一

c 已抽了一半左右

Q 10

妳打電話給男朋友說「下個禮拜天要不要一起去兜風？」時，而他卻拒絕說：「有工作抽不開身……」。這時，如果要向他發牢騷，妳會怎麼說？

a「什麼嘛！工作比我還重要囉！」
b「好吧，我就找×××陪我！」
c「啊，妳可眞忙啊，好好地幹才能出頭！」
d「哦，好好地幹活吧！」

診斷的形成法

請根據下表合計答案的分數。該得分所屬的類型就是妳的放蕩度的診斷。

58 分以上…診斷A
46 ∽ 57 分…診斷B
33 ∽ 45 分…診斷C
21 ∽ 32 分…診斷D
20 分以下…診斷E

d	c	b	a	A/Q
7	3	5	1	1
3	5	1	7	2
	5	1	3	3
3	7	5	1	4
請把○的數目當成點數。				5
	5	3	1	6
7	3	5	1	7
1	3	7	5	8
	5	3	1	9
1	3	7	5	10

診斷A

妳的放蕩度？

名符其實的放蕩女

與其說是放蕩女，妳應該是性格不良的女人。因爲，妳根深蒂固地認爲男性天生就必須爲女人服務，一切麻煩的事全讓男性代爲效勞，讓男性以金錢進貢，將女人的武器做最大限度的利用，把男性操縱於股掌之間。而予取予求直到沒有利用價值爲止。最後把對方彷彿垃圾一樣任意扔棄。妳具有如此可怕的本性，妳極可能是惡名昭彰的女性。加油吧？

B 正統放蕩女

妳的魅力十足！同時是對於賣弄妖豔的魅力以煽動男人心爲快感的類型。即使在辦公室只要感覺到男性投射出來的視線，妳會故意更換盤腿的姿勢。然而一旦男性前來搭訕時，卻以冷淡的態度拒絕，故意讓男性碰釘子並以此爲樂……。妳是具有如此正統的惡女本質。只要有心在男女遊戲，任何男人都如探囊取物。今後請往惡女之道邁進吧。

C 任性的小魔女

妳彷彿是貓一樣的女性，愛怎麼做就怎麼做任性得很……。凡事都採個人主義，想做什麼就做什麼？這樣的妳在同性之間的風評並不好，不過，在男人眼中卻顯得極爲突出，充滿叫人片刻也不捨得輕移視線的惡魔般的魅力。但是，若只是普通一般的任性恐怕無法將這天生的素質發揮得淋漓盡致。另一方面，應注意對男性表現體貼的態度。換言之，要剛柔並施！這就是妳與男性交往的要領。、

D 雙重性格的惡女

妳的內在似乎寄居著兩種類型的性格，一個是充滿著純潔與母性愛的聖母、另一個是把男性玩弄於股掌間的惡女……。這種雙重性格會在妳誘惑男人心的時候很巧妙地流露出來。因此，男性將紛紛拜倒在妳的石榴裙下。不過，妳並無法刻意地將此雙重性格分別運用，維持妳目前的現狀應該更可以提高妳做爲惡女的聲譽（？）吧！

E 惡女失格

妳是個性充實而坦率之人，同時非常開朗，是採取直球決勝負的女性。妳良好的人品在男女之間都是受人歡迎的人物吧。不過，在吸引男心的女性魅力上似乎「？」。妳是否曾經有過自己心儀的男性竟然被妳覺得並不怎麼起眼的女性奪走的經驗……。那是因爲妳過於善良、不懂得誘導男性的好奇心和征服慾。真正的不受歡迎的女人是「連被拋棄也不知緣故的人」。請儘快培養令男性心焦如焚的技巧吧。

燒焦的光

在此將要測驗妳會以何種愛情方式來表現妳的熱情。這可看妳是否能演出激烈愛情的爭奪戰。請回答下面的問題。

Q1

請閱讀下面的故事再回答問題

A小姐和某個有婦之夫陷入戀情，雙方感情已深。由於男方的婚姻生活早已冷卻，因此，他住進A小姐的公寓，二人過著幸福快樂的日子。但是，他的妻子B太太卻闖進她們的愛巢，A小姐和B太太展開一場爭執……。夾在其間的他身心非常疲憊。適時出現的是A小姐的朋友C小姐。C小姐乘虛而入奪走了他。

1 A小姐、B太太、C小姐中妳最不願意的是扮演那個角色？

a 雖然掠奪了愛卻也被朋友奪走愛的A小姐
b 雖然闖進丈夫外遇的愛巢，卻無法挽回愛情的B太太
c 策略家坐收漁翁之利的C小姐

2 妳認爲A小姐和B太太之間的紛爭是下面那一種情況？

a 糾纏在一起的爭吵。
b 鬧成刀傷的景況。
c 僅只於B太太大聲斥責、A小姐痛哭流涕的程度。

3 C小姐用某句話將男方誘惑而得手，那句話是？

a「你似乎很累了。我動手做些料理讓你吃吧！」
b「如果在A小姐和B太太的地方都無法平靜生活，何不暫且到我的家裡來？」
c「我們二人去喝個茶再思考該怎麼解決吧。」

請看下圖的毛衣想像襟領頭的形狀

Q2

a 高領
b V型領
c 圓領

Q3

假設以下三張插圖的場面是妳過去曾有過的一個情景，請一一回答下面的問題。

1 妳認爲下圖的風景是那一種情景的背景？

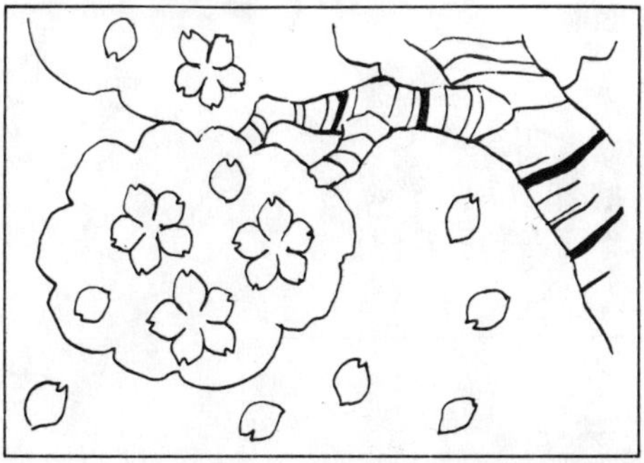

a 被母親拉著手參加小學的開學典禮
b 哭泣著和同學道別的中學畢業典禮
c 突然被心愛的他說再見時
d 大家興高彩烈地賞花時

2 下圖是妳小時候經常遊樂的公園，那麼，妳覺得在盪鞦韆的右側以什麼最爲自然？

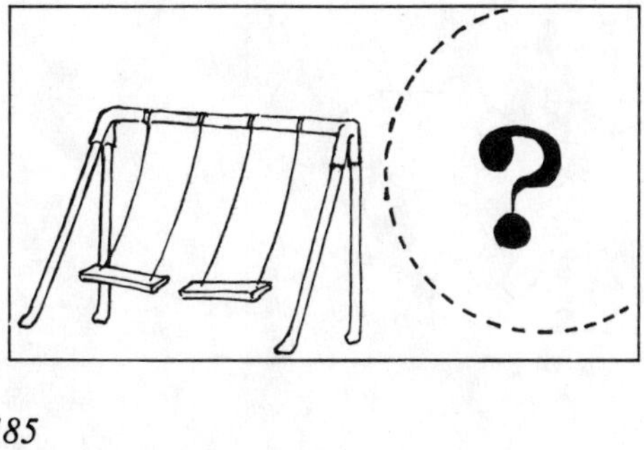

a 溜滑梯
b 砂場
c 白色椅凳
d 球場

3 假設下圖的嬰兒是妳。圖中並沒有任何背景，妳想事實上會是什麼樣的場面呢？

a 靠在嬰兒床的柵欄站著
b 被父親或母親抱著
c 剛學會走路的妳正在自己家附近學走路

Q 4

下圖的女性中妳覺得最漂亮的是a～d中的那一位？

■ a 在社會上舉足輕重的女強人。
b 沉著冷靜適合穿和服的女性。
c 品味極高、高貴的富家千金。
d 勇敢卻病弱，膚色透明潔白的女性。

Q5

下圖看起來像什麼？

a 坐式廁所的坐墊。
b 留短髮的少女的頭。
c 彎起拇指和食指的形狀。

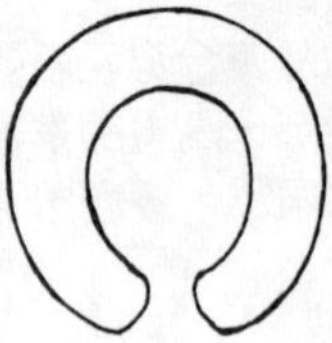

Q6

下表是某年的天氣，那麼，妳想三月三日天氣的記號是那一個？

日期	3/1	3/2	3/3	3/4	3/5
天氣	⦶	◎		◎	●

ⓐ ⦶
ⓑ ◎
ⓒ ●

注 ⦶…晴天、◎…陰天
●…雨天

Q7

妳和他開車到郊外兜風時，他在妳的帽子上擺了一朵花。那麼，那會是什麼花？

a 菜花
b 水仙花
c 鬱金香
d 蘭花

診斷的形成法

請將問題的答案對照下表算出總分，獲得的總分就是妳的愛情掠奪度的診斷。

65分以上……A類型
51～64分……B類型
37～50分……C類型
24～36分……D類型
23分以下……E類型

d	c	b	a	A／Q
	1	7	3	1—1
	1	7	5	1—2
	1	7	3	1—3
	5	7	1	2
7	1	5	3	3—1
5	1	3	7	3—2
	7	1	3	3—3
1	7	3	5	4
	7	3	1	5
	3	1	7	6
7	5	1	3	7

診斷

妳的愛情掠奪度？

橫刀奪愛類型

A

妳一旦愛上某人時就顧不得別人的類型。而且，是戀愛至上主義者，爲了將他佔爲己有不畏任何的艱難險阻，會強迫性地採取行動。當然，輕而易舉掠奪到愛情。妳認爲彼此只是相見恨晚而已，毫不忌諱地奪取好友的丈夫、情人。請特別注意不要因而招人怨恨而惹禍上身。

妳爭我奪的類型

生性不服輸，喜歡鬧彆扭傾向的妳，對於有障礙的戀情越感到刺激的類型。當然，最喜歡有妻室、有女友的男性，甘願參與愛情的掠奪戰。不過，當妳將他奪到手而不再有障礙時，愛情會突然地冷卻。因此，很可能被他人趁虛而入奪走愛情。請一刻也不要鬆弛。

B

PART 4

對陌生人會掠奪愛的類型

C

妳是感情深而認真的人。妳會顧慮情人或丈夫甚至考慮周遭人的感受，再採取行動。妳這種人一旦和有另一半的人發生感情時，會為受傷害的人而感到愧疚。不過，如果可能受傷害的人是自己交友圈以外的人，即有可能參與愛情掠奪戰。所以，婚外情的掠奪似乎為數不少。

與掠奪愛無緣的類型

D

妳是非常在意他人耳目的類型。即使想要嘗試偷情也辦不到的人。假設和別人的情人搭上關係，也只能在暗中悄悄來往。也沒有掠奪別人之愛的勇氣，同時，獨佔慾極强，經常把注意力集中在丈夫或情人的身上。因此，也沒有愛情會被掠奪的憂慮。也許終其一生平安無事，和掠奪愛無緣吧。

容易被掠奪的類型

E

不太關心戀愛問題，對自己的工作或興趣遠比情人或丈夫更爲熱衷的類型。因此，除非成爲知名人士的夫人等具有相當的附加價值的身分之外，參與掠奪愛的機會爲零。另一方面，對另一半的管理容易造成疏忽。因此，愛情被掠奪愛的機率高人一等！如果不好好地餵食釣到的魚，恐怕自己會受到傷害喔！

模擬實驗．遊戲

穿錯的線

在此將要測試愛上妳不能愛的人的妳。從1開始依序回答問題，並根據指示往前進。

PART 4

1

一星期後妳和經理再次在那個俱樂部的交誼廳約會。這次妳主動地暗示「我覺得好像……醉了一樣」，而輕輕地倚靠在他的肩膀，他順勢抱緊妳的肩膀說：
「我在樓下訂了房間……」
大成功！被他攙扶著走向房間的妳在心裡……。
ーー嘻嘻，我今天正好穿了新的內衣ーー那麼，妳所選擇的內衣是……？

a 非常大膽的連身型的胸罩與內褲→往８
b 有許多蕾絲花邊的胸罩與內褲→往９

2

進入房間後隨即被壓倒在床的妳，霎那間已赤裸裸地像初生的嬰兒一樣。而經理輕輕地抱起妳走進浴室。二人瘋狂似地展開一場男歡女愛。→往11

3

也許是房間奇異的氣氛使然吧，經理的ＳＥＸ帶有ＳＭ傾向。而妳則覺得

a 令人回味無窮！→往 12

b 該不會是要刻意表現上了年紀仍然勇猛吧！→往 16

4

星期六。游完泳之後經理邀妳說「到房間休息吧」。妳默默地跟著前去。擁抱在經理的懷裡，彷彿飄浮在快樂的海上一樣，妳感到從未有過的快感，首次體驗到女人眞正的喜悅。→往 12

5

約會的星期六。在豪華的氣氛下游泳之後，經理邀約說「我訂了房間要不要去休息一下？」妳默默地點了頭。
→往6

6

進入房間，妳有點顫抖地被經理抱在懷裡。胸口悸動著幾乎就要破碎。但是，他的ＳＥＸ霎那間即結束。一個鐘頭後二人離開賓館。妳的感想是……？

a 竟然有這種事！→往13
b 他一定是累了。真沒辦法。→往7

7

三天後，妳偶然接到經理夫人打來的電話。經理夫人從電話所傳來的聲音顯得非常開朗而良善。妳的內心……。

a 被一股罪惡感所充斥。→往20

b（這種人難怪缺乏女人的魅力）內心帶著勝利的感覺。→14

8

進入房間躺在雙人床上。經理的手徐緩地為自己寬衣解帶。「眞漂亮…」他在耳邊輕聲細語，接著是接吻的狂瀾…。自己也發覺身體漸漸轉成桃色。那麼，這時閃過妳腦際的念頭是…？

a 幸福無比！莫名地要動起眞情了…。→往11

b 這是高潮的快樂！經理對待女人的技巧怎麼這麼高啊。→往15

9

「沒關係吧？」經理說。「嗯，感到有點氣悶…」他的指頭落在妳衣服的鈕扣上。甜美地低聲嘟喃，在那輕柔而熱情的指頭動作下妳的背脊霎那間穿梭過一股從未有過的刺激與快感。妳的身與心都獲得滿足→往 15

10

後來二人的約會持續不斷。有一天，經理說「如果想要什麼東西，儘管告訴我。」妳的回答是？

a 反正婚外情是施與受之間的關係，毫不客氣地說出想要的東西。→往 22

b 不喜歡被認爲是厚臉皮的女人而回答說「不用了，不必顧慮這麼多。」→ 23

11

一陣狂風暴雨般的官能享受之後，經理說「以後也會和我見面吧。」妳點了頭。→往16

12

結果，妳已經完全變成經理的俘虜了。但是，突然他不再有任何的連絡。→往18

13

離開賓館的妳和經理手握著手走到車站。這時，妳突然嚇了一跳。因為，在公司那個極不醒眼的張科長正和妳們擦身而過！科長似乎沒有發覺……。那麼，當時妳心情是？

a 婚外情有什麼稀奇，有什麼好在意的呢！一副無所謂的樣子。→往 29

b 怎麼辦……唉呀，不過，科長好像沒有發現我們……不過……內心反覆著不安。→往 14

14

隔天午休，科長帶著一臉訕笑走進來。然後說「妳和王經理有一手吧？」聽他這麼說似乎並非親眼所見。心想這是張科長的故弄玄虛的你。

a「咦？什麼事？你這是什麼意思？」故意裝胡塗。→往 19

b 心想如果認眞起來反而會被懷疑而開玩笑地說「哇，如果我和王經裡有什麼謠傳可是我的光榮啊！我實在是夢寐以求呢！科長。」→往 30

15

數次的高潮之後經理悄悄地說：「以後妳會和我見面吧。」而妳……。

a「當然，即使每天也無妨」喘著氣回答。→往10

b 妳在ＳＥＸ的高潮之後突然陷入冷靜「嗯，如果雙方都有時間的話……」極其冷淡地說→往21

16

妳已經一腳陷入不正常戀情的深淵。——但是，從那次以後的兩個禮拜以來，經理沒有任何的連絡，妳該怎麼辦？

a 他到底是個經理，一定是工作太忙了。妳心裡這麼想而靜靜地等待他的連絡。→往24

b 兩個禮拜都沒有約會，雖說是工作忙但也太過分了。妳覺得無法忍受而想立即和他取得連絡。→往18

17

　　謠言似乎是起於公司的情報販子張科長。妳伺機邀科長到咖啡店去，妳會怎麼說。

a「能不能拜託你不要散佈謠言。」→往26

b「我怎麼可能和那高不可攀的經理有什麼謠言呢……。我倒無所謂，只不過這對經理太不公平了。」→往25

18

　　妳趁經理一個人在場時向他打招呼。他雖然說工作繁忙，然而妳卻和他約定下次的約會。但是，有人發現妳們二人之間的爭論。不出一個禮拜謠言已遍佈全公司。那麼，妳該怎麼辦？

a 到底是誰？必須趕緊找到目擊者……，於是立即展開行動。→往17

b 驚慌地不知所措。因爲不安而成天戰戰兢兢、忐忑不安。→往27

19

「別裝糊塗了！」張科長一五一十地將昨天晚上親眼目睹二人親蜜地情景說了出來。同時，要脅說如果不願意這個醜聞被公司或經理的夫人知道，要陪他一個晚上。

結果，妳和張科長……，從此之後張科長對妳糾纏不休，妳已經陷入了難以自拔的沼澤中……。→**往診斷D**

20

也許因爲謠言的傷害，妳的精神變得萎靡不振。即使看見經理的臉也不再有雀躍的感覺，內心只感到一股愧疚，妳發現妳已精疲力倦。→**往診斷E**

21

其後二人約二星期一次享受約會的樂趣。妳因爲和王經理之間的婚外情而漸趨成熟美麗。而且，「婚外情」這個語詞所帶有的刺激感更令人神往！

→往診斷A

22

物質上獲得滿足，身體上也獲得滿足。如果淡然處之，沒有比婚外情更美妙的戀情。與自己同年紀的男人和經理比較起來簡直像是流鼻涕的小鬼——妳已經完全地投入婚外情的享受中。**→往診斷A**

23

經理的工作突然變得繁忙，一直沒有約會。→往 28

24

雖然如此，妳漸漸感到不安。即使在文件上夾紙條想與他連絡也無濟於事。同時，又聽見來自張科長所散佈的經理和櫃台小姐之間的謠言……。原來妳只是被玩弄了……→往 28

25

一直到最後妳都不爲謠言所動。妳切身地感覺到要貫徹婚外情。謠言不久消失了。（通過 12 的人從這裡接著往 28 ）妳藉此成長爲一個眞正的女人，並確實地感覺到比以前堅強了。→往診斷 A

26

對妳的回答感到不快的張科長於是盡其所能的散佈妳和經理的謠言。→往 27

27

在謠言滿天飛之後，妳和經理之的關係已在公司裡化暗爲明。在這樣的狀況下他經理的職位也岌岌可危。妳被迫陷入孤援無助的狀態。→**往診斷C**

28

但是，發生了一件不妙的事，生理遲遲不來！「難道……」內心的不安與煩惱使妳不得不向經理說出事實。但是，他卻說「誰能保證那是我的孩子」。妳傷心得連話也說不出來。妳彷彿站在絕望的斷崖上……。→**往診斷B**

PART 4

29

　翌日，妳被張科長叫到某咖啡店。科長說「昨天晚上我看到了。」「什麼？」妳還故意裝糊塗。→往 19

30

　幸好科長從此之後不再提那件事。但是，妳仍然感到緊張。→往 20

診斷

妳的婚外情程度

A

當然，二人的婚外情仍然進行中。經理依然過經理的生活，而妳除了和其他的男朋友交往之外也享受著婚外情的樂趣！從以上的故事情節即可明白，妳具有積極追求刺激性的冒險心，有將男性玩弄於股掌之間的剛强。換言之，妳已具備獨立的成年人的戀愛品味。對了，妳可以說是深具足以順利體驗婚外情的資質。因此，在這個遊戲中妳也可以享受到婚外情的愉悅。即使在現實中並不一定能體驗到刺激的婚外情。

B

發覺已懷孕的妳。結果只有墮胎的方法，身心都受到傷害……。

從以上的故事情節即可發現妳雖然具有對婚外情所必要的好奇心，然而卻缺乏把和他之間的感情當成遊戲的坦然態度與堅強。換言之，缺乏成年人的戀愛品味。所以，在這個遊戲中妳只能被對方玩弄而自己吃虧。因此，對您現實生活中的建議是即使對方再怎麼具有魅力，也絕不要對他動真情。同時，還必須具備讓對方向妳施惠的佔他便宜的精神。請務必銘記在心！

因爲這個謠言使他被左遷到分公司，而妳也無法在公司待下去而提出辭呈。如此一來，二人之間的愛自然地消失。

經過以上的故事情節即可發現妳雖然本來具有順利地談婚外情的素質，卻因爲缺乏對周遭人的處心積慮，以及面對糾紛時臨機應變的行動力，而可能使一切付諸流水。因此，在現實中發生婚外情時不僅在公司，連對親近的朋友也絕對要保密，處事要慎重小心。

PART 4

D

妳的婚外情和所想像的大不相同。慘遭滑鐵盧之後漸漸地對年長的男性不表興趣，而把全付精神投注在年幼的男性身上。從以上的故事情節即可發現妳的判斷力柔弱，戀愛的品味也極爲幼稚。即使是婚外情也容易受誘於以往的風氣而擅自美化、憧憬。如果妳想要享受飄逸唯美的婚外情，應該從電影、雜誌及與男朋友的交際中……透過各種事物培養鑑賞男性的眼力。同時，若能磨練自己本身的感性即可成就輝煌的婚外情！

E

結果妳終於徹悟自己到底不適合婚外情，斷然地拒絕王經理的誘惑。

從以上的故事情節即可發現妳缺乏順利地持續婚外情的重要因素——頑强、冒險心、成年人的戀愛感覺等等。換言之，妳本來就是非常重視倫理道德的認真而潔僻的人。妳很難一腳踏入婚外情的戀愛世界。對妳而言，最適合不必躲躲藏藏的正統戀情。而且，現今所流行的婚外情以後將會被純愛風氣所替代。當時的主角就是妳！

心理診斷

急速停車的巴士中

妳現在正好搭上一輛巴士。巴士裡並沒有空位妳只好站著。結果，巴士突然急速發動而去，妳因爲衝力而跌倒在地。而且，一個站在旁邊的兒童手上的冰淇淋沾上妳的身上！簡直讓妳羞愧地無地自容……

Q

〈1〉妳覺得冰淇淋是沾在妳身上的那個部位？

〈2〉請試著描繪妳跌倒的樣子。簡單的構圖即可。

解說與診斷

巴士突然開車是象徵衝激妳的強烈性衝動。同時，結果妳之所以跌倒乃是表示性衝動被ＳＥＸ而解放時的狀態。

甘甜的冰淇淋是表示使人溶化的接吻或愛撫。換言之，Ｑ１所回答的部位是妳想要被接吻或愛撫的部位。換言之，是妳的「性感帶」。

而Ｑ２所描繪的跌倒的姿勢即使妳最喜好的體位。譬如，仰頭跌倒時是表示喜歡一般的正常體位。相反地，伏倒在地或全身趴臥在地則是動物的背式體位，似乎可望體驗被征服的喜悅。同時，描繪跌坐在地板上的人也許是女性上位，想要爲所欲爲地享受ＳＥＸ的快樂吧！

大展出版社有限公司	圖書目錄

地址：台北市北投區11204
致遠一路二段12巷1號
電話：（02）8236031
8236033
郵撥： 0166955～1
傳眞：（02）8272069

·法律專欄連載· 電腦編號58

台大法學院 法律學系／策劃 法律服務社／編著

①別讓您的權利睡著了[1]		180元
②別讓您的權利睡著了[2]		180元

·婦幼天地· 電腦編號16

①八萬人減肥成果	黃靜香譯	150元
②三分鐘減肥體操	楊鴻儒譯	130元
③窈窕淑女美髮秘訣	柯素娥譯	130元
④使妳更迷人	成　玉譯	130元
⑤女性的更年期	官舒妍編譯	130元
⑥胎內育兒法	李玉瓊編譯	120元
⑦愛與學習	蕭京凌編譯	120元
⑧初次懷孕與生產	婦幼天地編譯組	180元
⑨初次育兒12個月	婦幼天地編譯組	180元
⑩斷乳食與幼兒食	婦幼天地編譯組	180元
⑪培養幼兒能力與性向	婦幼天地編譯組	180元
⑫培養幼兒創造力的玩具與遊戲	婦幼天地編譯組	180元
⑬幼兒的症狀與疾病	婦幼天地編譯組	180元
⑭腿部苗條健美法	婦幼天地編譯組	150元
⑮女性腰痛別忽視	婦幼天地編譯組	130元
⑯舒展身心體操術	李玉瓊編譯	130元
⑰三分鐘臉部體操	趙薇妮著	120元
⑱生動的笑容表情術	趙薇妮著	120元

·青春天地· 電腦編號17

①A血型與星座	柯素娥編譯	120元
②B血型與星座	柯素娥編譯	120元
③O血型與星座	柯素娥編譯	120元
④AB血型與星座	柯素娥編譯	120元

⑤青春期性教室　呂貴嵐編譯　130元
⑥事半功倍讀書法　王毅希編譯　130元
⑦難解數學破題　宋釗宜編譯　130元
⑧速算解題技巧　宋釗宜編譯　130元
⑨小論文寫作秘訣　林顯茂編譯　120元
⑩視力恢復！超速讀術　江錦雲譯　130元
⑪中學生野外遊戲　熊谷康編著　120元
⑫恐怖極短篇　柯素娥編譯　130元
⑬恐怖夜話　小毛驢編譯　130元
⑭恐怖幽默短篇　小毛驢編譯　120元
⑮黑色幽默短篇　小毛驢編譯　120元
⑯靈異怪談　小毛驢編譯　130元
⑰錯覺遊戲　小毛驢編譯　130元
⑱整人遊戲　小毛驢編譯　120元
⑲有趣的超常識　柯素娥編譯　130元
⑳哦！原來如此　林慶旺編譯　130元
㉑趣味競賽100種　劉名揚編譯　120元
㉒數學謎題入門　宋釗宜編譯　150元
㉓數學謎題解析　宋釗宜編譯　150元
㉔透視男女心理　林慶旺編譯　120元
㉕少女情懷的自白　李桂蘭編譯　120元
㉖由兄弟姊妹看命運　李玉瓊編譯　130元

•心靈雅集•　電腦編號00

①禪言佛語看人生　松濤弘道著　150元
②禪密教的奧秘　葉逯謙譯　120元
③觀音大法力　田口日勝著　120元
④觀音法力的大功德　田口日勝著　120元
⑤達摩禪106智慧　劉華亭編譯　150元
⑥有趣的佛教研究　葉逯謙編譯　120元
⑦夢的開運法　蕭京凌譯　130元
⑧禪學智慧　柯素娥編譯　130元
⑨女性佛教入門　許俐萍譯　110元
⑩佛像小百科　心靈雅集編譯組　130元
⑪佛教小百科趣談　心靈雅集編譯組　120元
⑫佛教小百科漫談　心靈雅集編譯組　150元
⑬佛教知識小百科　心靈雅集編譯組　150元
⑭佛學名言智慧　松濤弘道著　180元
⑮釋迦名言智慧　松濤弘道著　180元
⑯活人禪　平田精耕著　120元

⑰坐禪入門	柯素娥編譯	120元
⑱現代禪悟	柯素娥編譯	130元
⑲道元禪師語錄	心靈雅集編譯組	130元
⑳佛學經典指南	心靈雅集編譯組	130元
㉑何謂「生」　阿含經	心靈雅集編譯組	130元
㉒一切皆空　般若心經	心靈雅集編譯組	130元
㉓超越迷惘　法句經	心靈雅集編譯組	130元
㉔開拓宇宙觀　華嚴經	心靈雅集編譯組	130元
㉕真實之道　法華經	心靈雅集編譯組	130元
㉖自由自在　涅槃經	心靈雅集編譯組	130元
㉗沈默的敎示　維摩經	心靈雅集編譯組	130元
㉘開通心眼　佛語佛戒	心靈雅集編譯組	130元
㉙揭秘寶庫　密教經典	心靈雅集編譯組	130元
㉚坐禪與養生	廖松濤譯	110元
㉛釋尊十戒	柯素娥編譯	120元
㉜佛法與神通	劉欣如編著	120元
㉝悟（正法眼藏的世界）	柯素娥編譯	120元
㉞只管打坐	劉欣如編譯	120元
㉟喬答摩・佛陀傳	劉欣如編著	120元
㊱唐玄奘留學記	劉欣如編譯	120元
㊲佛教的人生觀	劉欣如編譯	110元
㊳無門關（上卷）	心靈雅集編譯組	150元
㊴無門關（下卷）	心靈雅集編譯組	150元

•經營管理•　電腦編號01

◎創新經營管理六十六大計（精）	蔡弘文編	780元
①如何獲取生意情報	蘇燕謀譯	110元
②經濟常識問答	蘇燕謀譯	130元
③股票致富68秘訣	簡文祥譯	100元
④台灣商戰風雲錄	陳中雄著	120元
⑤推銷大王秘錄	原一平著	100元
⑥新創意・賺大錢	王家成譯	90元
⑦工廠管理新手法	琪　輝著	120元
⑧奇蹟推銷術	蘇燕謀譯	100元
⑨經營參謀	柯順隆譯	120元
⑩美國實業24小時	柯順隆譯	80元
⑪撼動人心的推銷法	原一平著	120元
⑫高竿經營法	蔡弘文編	120元
⑬如何掌握顧客	柯順隆譯	150元
⑭一等一賺錢策略	蔡弘文編	120元

㊺ＩＢＭ人才培育術	鐘文訓編譯	100元
㊻企業人自我突破法	黃琪輝編著	150元
㊼超級經理人	羅拔・海勒著	100元
㊽財富開發術	蔡弘文編著	130元
㊾成功的店舖設計	鐘文訓編著	150元
㊿靈巧者成功術	鐘文訓編譯	150元
61企管回春法	蔡弘文編著	130元
62小企業經營指南	鐘文訓編譯	100元
63商場致勝名言	鐘文訓編譯	150元
64迎接商業新時代	廖松濤編譯	100元
65透視日本企業管理	廖松濤　譯	100元
66新手股票投資入門	何朝乾　編	150元
67上揚股與下跌股	何朝乾編譯	150元
68股票速成學	何朝乾編譯	180元
69理財與股票投資策略	黃俊豪編著	180元
70黃金投資策略	黃俊豪編著	180元
71厚黑管理學	廖松濤編譯	150元
72股市致勝格言	呂梅莎編譯	180元
73透視西武集團	林谷燁編譯	150元
74推銷改變我的一生	柯素娥　譯	120元
75推銷始於被拒	盧媚璟　譯	120元
76巡迴行銷術	陳蒼杰譯	150元
77推銷的魔術	王嘉誠譯	120元
7860秒指導部屬	周蓮芬編譯	150元
79精銳女推銷員特訓	李玉瓊編譯	130元
80企劃、提案、報告圖表的技巧	鄭　汶　譯	180元
81海外不動產投資	許達守編譯	150元
82八百件的世界策略	李玉瓊譯	150元
83服務業品質管理	吳宜芬譯	180元
84零庫存銷售	黃東謙編譯	150元
85三分鐘推銷管理	劉名揚編譯	150元
86推銷大王奮鬥史	原一平著	150元

・成功寶庫・　電腦編號02

①上班族交際術	江森滋著	100元
②拍馬屁訣竅	廖玉山編譯	110元
③一分鐘適應法	林曉陽譯	90元
④聽話的藝術	歐陽輝編譯	110元
⑤人心透視術	多湖輝著	100元
⑥克服逆境的智慧	廖松濤　譯	100元

國立中央圖書館出版品預行編目資料

愛與性心理測驗／小毛驢編譯
--初版・--臺北市：大展，民82
面：　公分，--（青春天地；29）
ISBN 957-557-382-X（平裝）

1.心理測驗

179　　82005199

售價130元

愛與性心理測驗

編譯者：小毛驢
發行人：蔡森明
出版者：大展出版社有限公司
台北市北投區致遠一路二段十二巷一號
電　話：（〇二）八二三六〇三一
八二三六〇三三
傳　眞：（〇二）八二七二〇六九
郵政劃撥：〇一六六九五五～一
登記證：局版臺業字第二一七一號
法律顧問：劉鈞男律師
承印者：高星企業有限公司
排版者：千賓電腦打字有限公司
電　話：（〇二）八八三六〇五二
一九九三年（民82年）八月初版一刷
一九九三年（民82年）十月初版三刷

ISBN 957-557-382-X

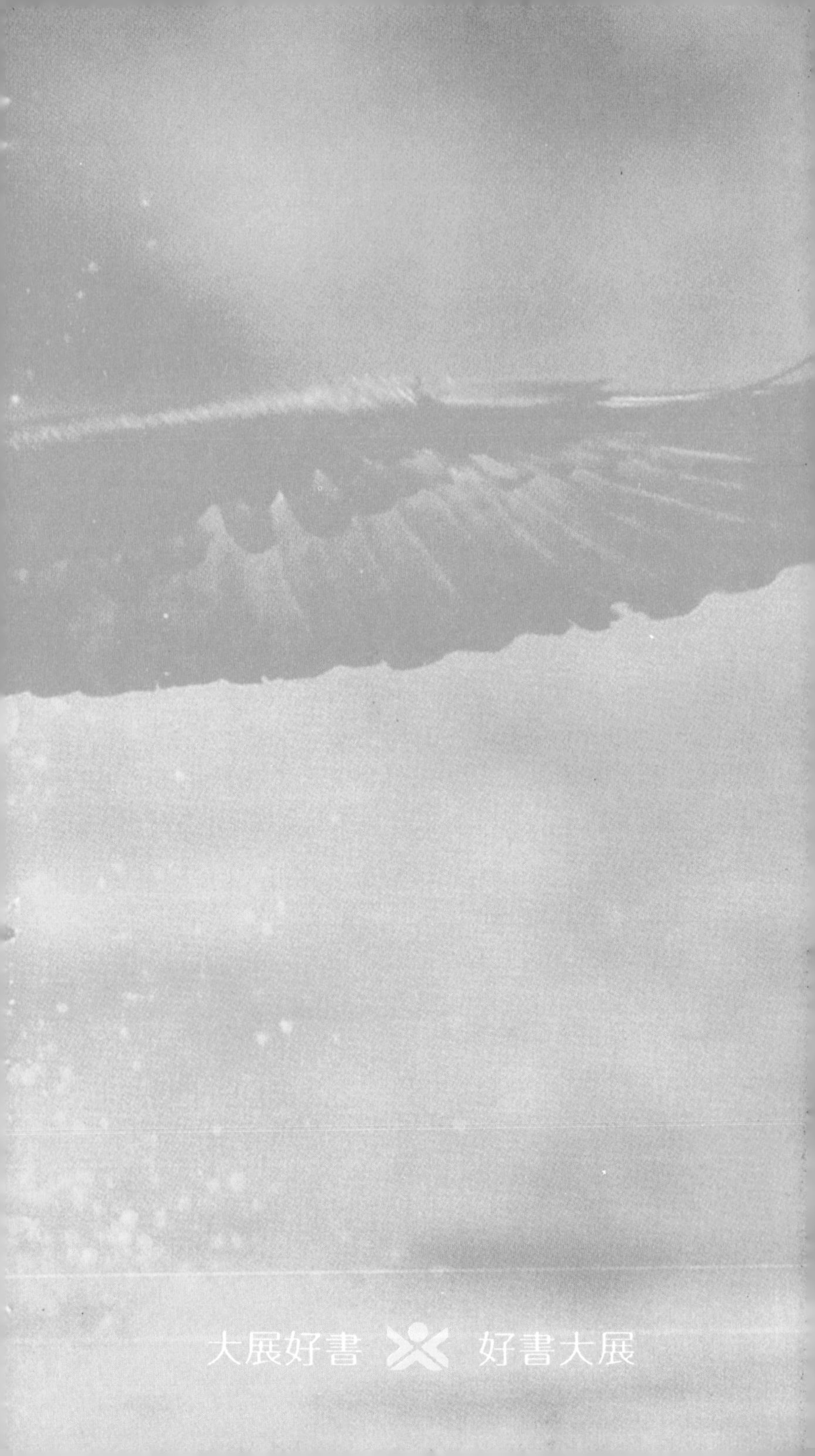
大展好書 好書大展